GUÍA BREVE DE PSICOTERAPIA DE GRUPO

Psicología
Psiquiatría
Psicoterapia

Sophia Vinogradov
Irvin D. Yalom

GUÍA BREVE
DE PSICOTERAPIA
DE GRUPO

PAIDÓS

Barcelona
Buenos Aires
México

Título original: *A concise Guide to Group Psychotherapy*
Publicado en inglés por American Psychiatric Press, Inc. Washington

Traducción de Olga Domínguez

Cubierta de Víctor Viano

© 1989 by American Psychiatric Press, Inc., Washington
© 1996 de todas las ediciones en castellano
    Ediciones Paidós Ibérica, S.A.,
    Mariano Cubí, 92 - 08021 Barcelona
    http://www.paidos.com

ISBN: 84-493-0224-2
Depósito legal: B-20.184/2005

Impreso en Hurope, S. L.,
Lima, 3 bis - 08030 Barcelona

Impreso en España - Printed in Spain

SUMARIO

INTRODUCCIÓN

A LAS GUÍAS CONCISAS DE LA AMERICAN PSYCHIATRIC PRESS

La colección de las Guías concisas de la American Psychiatric Press proporciona, en un formato muy accesible, información práctica para psiquiatras –y especialmente para residentes de psiquiatría– que trabajan en encuadres de tratamiento tan variados como los servicios de psiquiatría para pacientes internos, las clínicas para pacientes externos, los servicios de consulta/enlace y las consultas privadas. Las Guías concisas tienen como finalidad complementar la información más detallada que puede encontrarse en textos más extensos de psiquiatría.

Las Guías concisas abordan temas de sumo interés para los psiquiatras que trabajan en la práctica clínica. Los libros que conforman esta serie contienen una pormenorizada tabla de materias, junto con un índice, cuadros y gráficos que permiten un fácil acceso; y su tamaño, diseñado para caber en el bolsillo de una bata de laboratorio, las convierte en una fuente conveniente de información. Se ha limitado el número de referencias a aquellas más pertinentes al material presentado.

La *Guía breve de psicoterapia de grupo* ha sido escrita por dos destacados psiquiatras de la facultad del Centro Médico de la Universidad de Stanford: los doctores Sophia Vinogradov e Irvin D. Yalom. La doctora Vinogradov, una de las mejores y más brillantes representantes de una nueva generación de psiquiatras, combina una sólida formación en la investigación de base con excelentes conocimientos y experiencia en los campos de la psiquiatría clínica y de la psicoterapia de grupo. Irvin D. Yalom es una de las grandes figuras de la psiquiatría norteamericana. Su ya clásico libro de consulta, *The Theory and Practice of Group Psychotherapy* [*Teoría y práctica de la psicoterapia de grupo*], constituye un modelo de referencia obligada para todos los demás volúmenes escritos sobre la psicoterapia de grupo. El doctor Yalom se ha establecido como uno de los más destacados expertos del país en el campo de la psicoterapia de grupo.

Ambos autores se han complementado muy bien entre sí en esta *Guía*. La doctora Vinogradov, que se encuentra temporalmente más próxima a sus prácticas de residencia, ha presentado perlas y técnicas clínicas prácticas y específicas para ser utilizadas por residentes de psiquiatría y otras personas que realizan sus prácticas en el tratamiento de pacientes en el encuadre grupal. La sabiduría del doctor Yalom, junto con su dilatada experiencia clínica y su inigualada comprensión de las cuestiones teóricas de la psicoterapia de grupo, son manifiestas a lo largo de todo el presente volumen. Al combinar sus talentos y energías respectivos, han elaborado una guía de psicoterapia de grupo que será leída y releída tanto por los residentes que quieran conocer las bases de esta importante modalidad de tratamiento como por los psiquiatras y terapeutas más experimentados que deseen refrescar sus conocimientos.

La *Guía breve de psicoterapia de grupo* aborda los principios críticos y las técnicas necesarias para organizar un grupo y realizar psicoterapia de grupo. En el capítulo 1 se define la psicoterapia de grupo a través del resumen de su alcance, de su relevancia clínica, de su eficacia y de sus excepcionales propiedades. El capítulo 2 se centra en aquellos factores terapéuticos que contribuyen a la eficacia de la psicoterapia de grupo y hace hincapié en las fuerzas que pueden influir en estos factores. En otros capítulos se describe cómo formar un grupo, cómo resolver los problemas corrientes que se producen en la terapia de grupo, y se tratan asimismo técnicas psicoterapéuticas importantes que potencian el trabajo de grupo. Finalmente, los doctores Vinogradov y Yalom se ocupan de dos grupos especializados que con frecuencia se forman en la práctica clínica, es decir, los grupos de pacientes internos y los grupos de pacientes externos.

Dr. ROBERT E. HALES
Editor de la colección
Guías concisas de la American Psychiatric Press

AGRADECIMIENTOS

Los autores desean expresar su agradecimiento a Basic Books, Inc., editores de *The Theory and Practice of Group Psychotherapy* , 3ª edición, de Irvin D. Yalom (Nueva York, Basic Books, 1985) e *Inpatient Group Psychotherapy* de Irvin D. Yalom (Nueva York, Basic Books, 1983). La gran mayoría de los fundamentos teóricos y de los conceptos clínicos descritos en el presente texto derivan de estas dos obras, y referimos a ellas al lector para una exposición más detallada de la psicoterapia de grupo.

La doctora Vinogradov reconoce con gratitud la ayuda y el apoyo prestados por el doctor Philippe M. Frossard en éste así como en anteriores esfuerzos profesionales. También desearía mostrar su agradecimiento al doctor Mickey Indianer por las discusiones mantenidas sobre grupos de alcohólicos y toxicómanos, y a los doctores Serge N. Vinogradov y Terry Osback por el ánimo recibido durante el año previo a la publicación del presente libro.

CAPÍTULO 1

¿QUÉ ES LA PSICOTERAPIA DE GRUPO?

La psicoterapia de grupo es la aplicación de técnicas psicoterapéuticas a un grupo de pacientes, aunque no sólo se reduce a ello. En la psicoterapia individual una persona cualificada establece un contrato profesional con un paciente y lleva a cabo intervenciones terapéuticas verbales y no verbales con el objetivo de aliviar el malestar psicológico, cambiar el comportamiento inadaptado y estimular el crecimiento y el desarrollo de la personalidad.

En la terapia de grupo, no obstante, tanto la interacción paciente-paciente como la interacción paciente-terapeuta –tal como suceden en el contexto del encuadre de grupo– se utilizan para efectuar cambios en la conducta inadaptada de cada uno de los miembros del grupo. En otras palabras, el grupo mismo, así como la aplicación de técnicas específicas y la realización de intervenciones por parte del terapeuta cualificado, sirve como instrumento de cambio. Esta caracterísica otorga a la psicoterapia de grupo su excepcional potencial terapéutico.

EL ALCANCE DE LA PRÁCTICA ACTUAL DE LA PSICOTERAPIA DE GRUPO

Hoy en día, la terapia de grupo abarca un amplio espectro de prácticas que van desde los grupos interactivos de pacientes externos a largo plazo hasta los grupos a los que acuden los pacientes cuando se encuentran en un estado de crisis aguda. Ello se deriva de tres características flexibles de los grupos de terapia: el escenario, los objetivos y el marco temporal (ilustrado en el cuadro 1).

Los escenarios clínicos

Los escenarios clínicos de los grupos de psicoterapia varían ampliamente y afectan a la estructura y rendimiento total del grupo. Podemos ilustrar este

CUADRO 1. **Alcance y campo de la práctica actual de la psicoterapia de grupo**

Escenarios	Ejemplo de grupo	Objetivos	Marco temporal
Pacientes internos			
Unidad psiquiátrica de pacientes internos agudos	Grupo de nivel de alto rendimiento diario	Restauración de la función	1-2 días hasta varias semanas
Centro para pacientes internos crónicos	Grupo pequeño de bajo rendimiento diario	Rehabilitación	Semanas a meses
Pacientes externos			
Consulta privada o clínica psiquiátrica general	Grupo interaccional semanal	Alivio de los síntomas y cambio de carácter	1-2 años
Clínica psiquiátrica de medicación	Grupo *drop-in* mensual de una clínica de medicación	Educación; mantenimiento de la función	Indefinido
Grupo de clínica de medicina comportamental	Grupo semanal para trastornos alimenticios	Cambio diferenciado de carácter	2-3 meses
Centro de tratamiento para el abuso de sustancias	Grupo diario para la recuperación de alcohólicos	Afrontar la negación; mantenimiento de la sobriedad	3 meses
Clínica médica especializada	Grupo de apoyo para la diabetes	Educación; apoyo; socialización	Indefinido
Centro de asesoramiento	Grupo de duelo semanal	Apoyo; catarsis; socialización	2-3 meses

punto comparando grupos de dos escenarios clínicos muy diferentes: una unidad de pacientes psiquiátricos internos y una clínica de pacientes externos.

Los grupos de pacientes internos:
- tienen lugar en una unidad psiquiátrica
- se reúnen diariamente
- se componen de individuos que padecen diversos problemas psiquiátricos graves.
- son obligatorios
- los miembros del grupo cambian rápidamente debido a la corta duración del período de hospitalización.

Los grupos de pacientes externos:
- son grupos voluntarios de composición estable
- se reúnen una vez por semana en una clínica psiquiátrica
- se componen de individuos que muestran niveles de rendimiento similares y estables.

Hay excepciones a esta simple dicotomía. En algunas unidades de pacientes internos se forman grupos voluntarios homogéneos basados en el nivel de rendimiento, aunque su composición aún cambie mucho de un día a otro. Y los grupos para pacientes psiquiátricos externos abarcan una gran cantidad de variaciones, que van desde el grupo mensual al que los pacientes acuden cuando quieren y en el que se reúnen pacientes crónicamente enfermos en una clínica de medicación, hasta el grupo interactivo, que se reúne dos veces por semana en una consulta privada.

Pacientes internos frente a pacientes externos es una de las distinciones posibles en un abanico de encuadres, pero la terapia de grupo también se practica en muchas otras situaciones clínicas. Éstas van desde los pequeños grupos diarios, que se reúnen en un hospital psiquiátrico de día, hasta los retiros para miembros de un equipo de profesionales (*staff retreats*) o los grupos de apoyo, pasando por los grupos semanales de personas que se encuentran en libertad provisional. Los grupos especializados para tratar síndromes médicos, tales como los grupos de educación para la diabetes o los grupos de apoyo para enfermos de lupus, con frecuencia se celebran en un escenario hospitalario o de pacientes externos, mientras que otros tipos de grupos especializados –grupos de crisis por violación, grupos de veteranos de guerra– están asociados a centros que ofrecen una clase específica de servicios de asesoramiento, tales como centros de traumas por violación o centros que se ocupen de promover la solicitud de ciertas prestaciones o ayudas sociales a las que tienen derecho los veteranos.

Objetivos

Los objetivos de los grupos de psicoterapia abarcan un amplio espectro. En uno de los extremos encontramos las ambiciosas metas de los grupos interactivos de larga duración, es decir, aliviar los síntomas y cambiar el carácter. En el otro extremo se encuentran los objetivos más limitados, aunque cruciales, de la recuperación de la función y de la preparación para el alta, tal como puede suceder en los grupos de terapia para pacientes internos agudos.

Entre estos dos extremos se sitúan los objetivos terapéuticos de la gran mayoría de los grupos de psicoterapia. Para algunos, tales como los grupos de medicación o los grupos de pacientes internos y externos para enfermos mentales crónicos, la meta más importante es el mantenimiento del rendimiento psicosocial apropiado. Otros muchos, incluidos los grupos de entrenamiento de habilidades sociales y los grupos especializados de autoayuda, proporcionan educación, socialización y apoyo. La mayoría de los grupos de breve duración orientados hacia los síntomas y centrados en el comportamiento (por ejemplo, aquellos dirigidos a la bulimia, la agorafobia o el tabaquismo) tienen como objetivo un cambio diferenciado de conducta.

Los marcos temporales

El marco temporal de un grupo de psicoterapia consiste en la duración de la vida del grupo (el número de sesiones durante las que se reunirá) y en la duración de la estancia de los miembros del grupo. Ambos factores se entrelazan con el escenario clínico y los objetivos del grupo, y ambos varían ampliamente. Los grupos de pacientes internos, por ejemplo, constituyen una parte invariable del programa de tratamiento y, por lo tanto, se mantienen a sí mismos indefinidamente; puede que el censo de la unidad cambie, que se ingresen o no diferentes clases de pacientes, pero el grupo se reúne diariamente, tanto si llueve como si brilla el sol. La vida de un grupo de pacientes externos es mucho más variable. Los grupos de pacientes externos pueden existir durante una única sesión –digamos un grupo al que acuden los pacientes cuando se encuentran en un estado de crisis y que se reúne cuando hay necesidad de él, en un centro de salud para estudiantes– o pueden ser de duración indefinida y a largo plazo, renovando periódicamente sus miembros a medida que los pacientes finalizan su tratamiento y son reemplazados por nuevos miembros.

La duración de la permanencia de los miembros del grupo depende de las metas del grupo. En un grupo de orientación interactiva para pacientes externos, que tiene objetivos clínicos ambiciosos, los miembros obtienen un beneficio terapéutico máximo al cabo de un período comprendido entre uno y tres años. La vida del grupo es indefinida y los miembros salientes son sustituidos a medida que abandonan el grupo con objeto de mantener el tamaño de éste más o menos constante. Pero otras clases de grupos incluidos en el escenario de los pacientes externos utilizan un formato de tiempo limitado, especialmente cuando se centran en un problema específico. Por ejemplo, un grupo educativo-conductual para pacientes que padecen trastornos alimenticios puede estar diseñado para reunirse durante doce sesiones. Las cuestiones abordadas en esta clase de grupo y la manera de abordarlas serán necesariamente distintas de las de un grupo de larga duración.

LA RELEVANCIA CLÍNICA DE LA PSICOTERAPIA DE GRUPO

Aunque el alcance de la práctica actual de la psicoterapia de grupo es muy amplio, en los últimos años la educación psiquiátrica dominante ha reducido el énfasis puesto en la enseñanza y en la práctica de la psicoterapia de grupo. La remedicalización de la psiquiatría, junto con el interés por las causas biológicas y los tratamientos farmacológicos de las enfermedades mentales, explican esta tendencia. No obstante, la terapia de grupo es una forma de tratamiento ampliamente practicada y que se emplea en gran número de escenarios con un probado grado de eficacia.

La eficacia clínica

La psicoterapia de grupo es un tratamiento eficaz –al menos tan eficaz como la psicoterapia individual– a la hora de tratar diversos trastornos psicológicos.[1] Se han analizado treinta y dos estudios en los que se contrastaban directamente el tratamiento individual y el tratamiento de grupo de problemas interpersonales.[2] En veinticuatro de los estudios no se encontraron diferencias significativas entre ambas modalidades. En los ocho restantes, se halló que la psicoterapia de grupo era más eficaz que la psicoterapia individual.

En estudios de resultados múltiples se ha comprobado la eficacia del tratamiento grupal de un amplio abanico de problemas psicológicos y trastornos de comportamiento, que van desde el comportamiento interpersonal neurótico hasta la sociopatía, el abuso de sustancias y la enfermedad mental crónica.[3-5] Este gran *corpus* constituido por pruebas de investigación apoya el consenso clínico generalizado según el cual la psicoterapia de grupo es beneficiosa para los participantes.

Las poblaciones para el tratamiento

Un gran número de pacientes psiquiátricos recibe su único tratamiento o su tratamiento principal en grupo. Esto es especialmente cierto en los escenarios institucionales y en el tratamiento de los enfermos mentales crónicos. Al menos la mitad de los hospitales psiquiátricos y una cuarta parta de los correccionales, por no mencionar la inmensa mayoría de los centros comunitarios de salud mental, utilizan el tratamiento grupal.[6] Asimismo, muchas organizaciones para el mantenimiento de la salud (OMS) hacen un uso considerable de la terapia de grupo.[7] En general, esto representa una población potencial de pacientes que se eleva a los cientos de miles de personas.

Grupos no psiquiátricos

Un gran número de pacientes no psiquiátricos asisten a grupos especializados de tratamiento. En el contexto de la asistencia sanitaria va en aumento el empleo de grupos educativos y de apoyo para los familiares y para los individuos que padecen enfermedades crónicas o enfermedades concretas. Los grupos educativos para la diabetes, los grupos para ayudar a los cónyuges a afrontar la enfermedad de Alzheimer, los grupos de apoyo para enfermos de cáncer y los grupos de rehabilitación tras un infarto de miocardio, son tan sólo algunos ejemplos de una modalidad cada vez más frecuente de intervención psicosocial.

Los grupos de autoayuda y los grupos de autoconciencia son otra forma de tratamiento e intervención que emplea un elevado número de clientes no psiquiátricos. Tal vez entre doce y catorce millones de individuos asistieron en 1983 a alguna clase de grupo de autoayuda, grupos tales como Alcohólicos Anónimos, Amigos Compasivos o Recovery Inc.[8] Cientos de miles de norteamericanos siguen participando en el entrenamiento de la toma de conciencia en el interior de grandes grupos representados por empresas tales como Lifespring. Con objeto de fortalecer las habilidades de gestión de los altos ejecutivos, el mundo empresarial utiliza de forma rutinaria seminarios y cursillos en los que se emplean los principios de la dinámica de grupo. El terapeuta en activo de prácticamente cualquier tendencia se enfrentará inevitablemente a pacientes que habrán tenido contacto previo con alguna forma de experiencia grupal.

LA EFICIENCIA DE LA PSICOTERAPIA DE GRUPO

El hecho de que el tratamiento grupal se emplee con un número tan elevado de pacientes y clientes es indicio de su eficiencia como modalidad de intervención psicoterapéutica.

La utilización eficiente de los recursos

Para facilitar el tratamiento de una gran cantidad de pacientes de tuberculosis, un internista llamado Joseph Pratt utilizó en el Boston de primeros de siglo reuniones de grupo para educar y tratar a sus pacientes. Muchos de ellos eran indigentes y no podían permitirse la asistencia privada; muchos estaban debilitados, abatidos y aislados de la comunidad sana. Pratt organizó grupos de entre veinte y treinta pacientes, a los que dictaba conferencias una o dos veces por semana.[9] Ése fue el inicio de la terapia de grupo.

Hoy en día, la terapia de grupo todavía mantiene esa ventajosa característica que es la disponibilidad. Se puede tratar a un elevado número de pacientes utilizando eficientemente el tiempo, el espacio, el personal y otros recursos. En las agencias comunitarias y en los escenarios institucionales, donde un limitado número de trabajadores de la asistencia sanitaria tienen que ver a un gran número de pacientes, una reunión en grupo permite que se produzca una psicoterapia útil incluso cuando el número de profesionales sanitarios por pacientes es tan bajo que no permite que la psicoterapia se desarrolle sobre una base individual.

Rentabilidad

Pratt trabajó con pacientes indigentes, tan pobres que no podían pagar un tratamiento alternativo, y otros pioneros del enfoque de las conferencias en grupo trataron a individuos psicóticos que sólo podían permitirse la asistencia institucional. El abrumador número de pacientes psiquiátricos y el limitado número de personal hospitalario y recursos económicos en Inglaterra durante la segunda guerra mundial y después de ésta convirtieron el tratamiento grupal en la modalidad disponible más práctica y llevaron a un enorme desarrollo de la práctica y de la investigación de la terapia de grupo.

Al menos un estudio ha demostrado que el tratamiento grupal es más sistemáticamente eficiente y/o rentable que el tratamiento individual.[2] En un futuro en el cual dominarán los pagos efectuados por terceros, las consideraciones prácticas de disponibilidad y rentabilidad adquirirán mayor importancia. Más de un terapeuta de grupo clarividente ha indicado que muy pronto los clínicos tendrán que justificar la terapia individual y defender su decisión de no utilizar la más rentable terapia de grupo.[10]

LAS PROPIEDADES ÚNICAS DE LA PSICOTERAPIA DE GRUPO

Aunque la terapia de grupo es más rentable, sus ventajas van más allá de las simples consideraciones económicas: es una forma de tratamiento que utiliza propiedades terapéuticas que no comparten otras psicoterapias. La terapia de grupo es una modalidad sin parangón de psicoterapia porque se apoya en una herramienta terapéutica muy poderosa, es decir, en el escenario grupal. El poder de este instrumento proviene de la importancia que tienen las interacciones interpersonales en nuestro desarrollo psicológico.

Las relaciones interpersonales y el desarrollo psicológico

Al describir al «niño salvaje» de Aveyron en 1799, un psicólogo francés observó que educar a un niño completamente aislado de la sociedad y las interacciones humanas conducía a «un estado de vacuidad y barbarie [...] un estado en el que el individuo, privado de las facultades características de su especie, se arrastra miserablemente, carente de inteligencia y sentimientos».[11] Una serie completa de relaciones interpersonales es de crucial importancia para el desarrollo psicológico humano normal.

Siguiendo esta simple premisa, la personalidad y los patrones de comportamiento pueden considerarse el resultado de las primeras interacciones con otros seres humanos significativos. Sabemos, por ejemplo, que la formación exitosa de vínculos es imprescindible para lograr un desarrollo psicológico adaptativo, tanto entre los primates como entre los humanos. Harry Stack Sullivan fue uno de los primeros psiquiatras y teóricos en subrayar el vínculo que une la psicopatología con un historial del desarrollo caracterizado por relaciones interpersonales distorsionadas.[12] Las escuelas modernas de psicoterapia dinámica subrayan que el tratamiento psiquiátrico tiene que estar dirigido hacia la comprensión y la corrección de dichas distorsiones interpersonales.

La psicoterapia de grupo proporciona interacciones interpersonales

Si estamos de acuerdo con la opinión de Sullivan acerca de que la personalidad es casi por completo un producto de la interacción con otros seres humanos significativos, y que la psicopatología surge cuando estas interacciones, y las percepciones y expectativas resultantes, están distorsionadas, entonces se sigue que el tratamiento psiquiátrico debería estar dirigido hacia la corrección de las distorsiones interpersonales. El objetivo de esta clase de tratamiento es muy específico: posibilitar que el individuo colabore con otras personas y obtenga satisfacciones interpersonales en un contexto caracterizado por unas relaciones realistas y mutuamente gratificantes; en suma, que lleve una vida más rica y gratificante con los demás.[13] «Se alcanza la salud mental en la medida en que uno toma conciencia de las propias relaciones interpersonales.»[14]

Aunque el examen y la corrección de las distorsiones interpersonales pueden tener lugar en el contexto de una relación entre dos personas, es decir, entre el terapeuta y el paciente, un grupo de varias personas que se reúnen proporciona un campo interpersonal mayor y potencialmente más poderoso. En el escenario de grupo se proporciona a los pacientes una selección más variada de relaciones; deben interactuar entre sí, con los líderes del grupo, con gente de diferente extracción social, con miembros del mismo sexo, así como con miembros del sexo opuesto. Los miembros deben aprender a ocuparse de sus gustos, aversiones, similitudes, diferencias, envidias, timidez, agresión, miedo, atracción y competitividad. Todo ello tiene lugar bajo la mirada del grupo, donde, bajo un cuidadoso liderazgo terapéutico, los miembros dan y reciben *feedback* sobre el significado y el efecto de las diversas interacciones que tienen lugar entre ellos. De este modo, el mismo escenario grupal deviene una herramienta terapéutica enormemente específica.

Experiencias grupales cohesivas

El poder potencial de la terapia de grupo procede también de un fenómeno curioso del que se ha informado en muchos segmentos de nuestra sociedad: una sensación dominante de creciente aislamiento interpersonal y social. Las experiencias grupales en sí son omnipresentes, pero las experiencias grupales de cohesión, de apoyo o de autorreflexión parecen ser cada vez más difíciles de alcanzar en nuestra moderna e industrializada vida. Los grupos constituyen una parte esencial de nuestra experiencia de desarrollo, desde nuestra primera unidad familiar, pasando por la clase, hasta las personas que nos rodean en el trabajo, en el ocio y en el hogar. Al mismo tiempo, llegan a nuestros oídos quejas sobre una creciente alienación interpersonal en la vida moderna, una sensación de aislamiento, anonimato y fragmentación social.

Acaso debido a esta circunstancia, y por su capacidad de proporcionar una experiencia terapéutica poderosa y excepcional, el escenario grupal se utiliza cada vez más, no sólo por parte de los profesionales de la salud mental, sino también por los legos. Una gran cantidad de grupos especializados ofrecen apoyo y en ocasiones funcionan de un modo altamente terapéutico. Los ejemplos son innumerables: Alcohólicos Anónimos, Padres Divorciados, Recovery

Inc. (para afrontar el estrés emocional), Comilones Anónimos y Corazones Rotos (para pacientes que han sobrevivido a un infarto de miocardio) son sólo algunos de los grupos especializados y de autoayuda actuales disponibles en el entorno no profesional. El creciente número de grupos que se están utilizando en escenarios no psiquiátricos indica la necesidad general que siente la gente de vivir experiencias grupales de cohesión y apoyo.

REFERENCIAS

1. Smith, M., Glass, G. y Miller, T., *The Benefits of Psychotherapy*, Baltimore, Johns Hopkins University Press, 1980.
2. Toseland, R. W. y Siporin, M., «When to recommend group treatment: a review of the clinical and the research literature», *Int. J. Group Psychother,* 1986, 32, págs. 171-201.
3. Bednar, R.L. y Lawlis, G. F., «Empirical research on group psychotherapy», en Bergin, A. E. y Garfield, S. (comps.), *Handbook of Psychotherapy and Behavior Change*, Nueva York, Wiley, 1971.
4. Parloff M. B. y Dies, R. R., «Group psychotherapy outcome research 1966-1975», *Int. J. Group Psychother,* 1977, 27, págs. 281-319.
5. Kanas, N., «Group therapy with schizophrenics: a review of controlled studies», *Int. J. Group Psychother,* 1986, 36, págs. 339-351.
6. Shapiro, D. A. y Shapiro, D., «Meta-analysis of comparative therapy outcome studies: a replication and refinement», *Psychol Bull,* 1982, 92, págs. 581-604.
7. Cheifetz, D. I. y Salloway, J. C., «Patterns of mental health services provided by HMOs», *Am Psychol,* 1984, 39, págs. 495-502.
8. Lieberman, M., «Self-help groups and psychiatry», en Frances, A. J. y Hales R. E. (comps.), *Psychiatry Update: American Psychiatric Association Annual Review,* vol. 5, Washington, DC, American Psychiatric Press, 1986.
9. Pratt, J. H., «The principles of class treatment and their application to various chronic diseases». *Hospital Social Service,* 1922, 6, pág. 404.
10. Dies, R. R., «Practical, theoretical and empirical foundations for group psychotherapy», Frances, A. J. y Hales, R. E. (comps.), en *Psychiatry Update: American Psychiatric Association Annual Review,* vol. 5, Washington, DC, American Psychiatric Press, 1986.
11. Malson, L., *Wolf Children and the Problem of Human Nature,* Nueva York, Monthly Review Press, 1972.
12. Sullivan, H. S., *The Interpersonal Theory of Psychiatry,* Nueva York, W.W. Norton, 1953.
13. Yalom, I. D., *The Theory and Practice of Group Psychotherapy,* Nueva York, Basic Books,[3] 1985.
14. Sullivan, H. S., *Conceptions of Modern Psychiatry,* Nueva York, W.W. Norton, 1940.

CAPÍTULO 2

¿CÓMO FUNCIONA LA PSICOTERAPIA DE GRUPO?

La psicoterapia de grupo emplea factores terapéuticos específicos. Debemos identificar estos factores específicos si queremos comprender el modo común en que clases enormemente diferentes de grupos ayudan a cambiar a los participantes. Tal principio simplificador nos ayudará asimismo a entender qué les sucede a diferentes miembros en el seno de un mismo grupo.

LOS FACTORES TERAPÉUTICOS

En las últimas tres décadas se han utilizado varios enfoques de investigación para encontrar una respuesta a la pregunta «¿Cómo funciona la psicoterapia de grupo?», incluyendo la entrevista y el sometimiento a tests de los pacientes que han obtenido resultados exitosos en la terapia de grupo, así como cuestionarios dirigidos a terapeutas de grupo y a observadores cualificados. A partir de estos métodos, los investigadores han identificado una serie de mecanismos de cambio en la psicoterapia de grupo: los factores curativos o terapéuticos.[1]

Existe un alto grado de solapamiento entre los diversos sistemas de clasificación propuestos por los distintos investigadores.[2-4] Yalom ha desarrollado un inventario de base empírica, constituido por once factores, de los mecanismos terapéuticos que operan en la psicoterapia de grupo, y que exponemos a continuación:

1. Infundir esperanza.
2. Universalidad.
3. Transmitir información.
4. Altruismo.
5. Desarrollo de técnicas de socialización.
6. Comportamiento imitativo.
7. Catarsis.

8. Recapitulación correctiva del grupo familiar primario.
9. Factores existenciales.
10. Cohesión del grupo.
11. Aprendizaje interpersonal.

Infundir esperanza

La fe en una modalidad de tratamiento es en sí terapéuticamente eficaz, tanto cuando el paciente tiene altas expectativas de ayuda como cuando el terapeuta cree en la eficacia del tratamiento.[5-6] Aunque infundir y mantener la esperanza es crucial en todas las psicoterapias, en el escenario grupal desempeña un papel excepcional.

En todo grupo de terapia hay pacientes que mejoran, así como miembros que permanecen igual. Los pacientes suelen comentar al final de la terapia que haber presenciado la mejoría experimentada por los demás les ha infundido gran esperanza respecto de su propia mejoría. Grupos como Alcohólicos Anónimos, dirigidos a las personas que abusan del alcohol y de otras sustancias, utilizan los testimonios de ex alcohólicos o de adictos que se han recuperado para inspirar esperanza a los nuevos miembros. Muchos de los grupos de autoayuda que han surgido durante la pasada década, tales como Amigos Compasivos (para padres que han perdido un hijo) o Corazones Rotos (para pacientes que se han sometido a intervenciones quirúrgicas cardíacas) también hacen gran hincapié en infundir esperanza.

Universalidad

Muchos pacientes sienten una abrumadora sensación de aislamiento. Están secretamente convencidos de que su soledad o desdicha son únicas, de que sólo ellos tienen ciertos problemas o impulsos inaceptables. Tales personas están a menudo socialmente aisladas y gozan de pocas oportunidades de intercambio social franco y sincero. En un grupo de terapia, especialmente en las primeras fases, los pacientes experimentan una fuerte sensación de alivio cuando se dan cuenta de que no se encuentran solos con sus problemas.

De hecho, algunos grupos especializados se centran en ayudar a individuos que han llevado una gran parte de su vida en secreto, lo cual los ha aislado mucho. Muchos grupos estructurados y de breve duración para pacientes bulímicos, por ejemplo, exigen la revelación abierta acerca de la actitud adoptada ante la imagen corporal y explicaciones pormenorizadas sobre esa conducta que consiste en atiborrarse de comida y más tarde vomitar. Los pacientes experimentan, por lo general, un gran alivio cuando descubren que no están solos, que sus problemas son universales y los comparten otros miembros del grupo.

Transmitir información

La transmisión de información tiene lugar en el seno de un grupo siempre que un terapeuta instruye didácticamente a los pacientes sobre el funcionamiento mental o físico o siempre que el líder u otros miembros del grupo dan consejos u orientación directa sobre problemas vitales. Aunque los grupos interactivos de larga duración generalmente no valoran el empleo de la educación didáctica o de los consejos, otros tipos de grupos se basan más en los consejos o en la instrucción.

Instrucción didáctica

Muchos grupos de autoayuda –tales como Alcohólicos Anónimos, Recovery Inc., Make Today Count (para enfermos de cáncer), Jugadores Anónimos y otros similares– hacen hincapié en la instrucción didáctica. Se utiliza un texto, se invita a los expertos a dirigirse al grupo, y se anima insistentemente a los miembros a intercambiar información. Los grupos especializados dirigidos a pacientes que sufren un trastorno médico o psicológico específico o que se enfrentan a una crisis vital (por ejemplo, individuos obesos, víctimas de una violación, epilépticos, pacientes que sufren dolor crónico) incorporan un componente didáctico, es decir, los líderes ofrecen instrucción explícita sobre la naturaleza de la enfermedad o sobre la situación vital del individuo. Los terapeutas que dirigen grupos especializados enseñan con frecuencia a los miembros cómo desarrollar mecanismos para afrontar las cosas y a poner en práctica técnicas de reducción del estrés o de relajación.

Dar consejos

A diferencia de la instrucción didáctica y explícita del terapeuta, los consejos directos de los miembros se producen sin excepción en cualquier clase de grupo de terapia. Los grupos que no tienen un foco interactivo hacen uso explícito y eficaz de las sugerencias y de la orientación directa que ofrecen tanto el líder como el resto de los miembros. Por ejemplo, los grupos que modelan el comportamiento, los grupos para dar de alta (que preparan a los pacientes para ser dados de alta del hospital), Recovery Inc. y Alcohólicos Anónimos ofrecen considerables consejos directos. En un grupo para pacientes que van a ser dados de alta se puede hablar sobre los acontecimientos que tienen lugar cuando un paciente realiza una visita de prueba a su casa y ofrecen sugerencias de comportamientos alternativos, mientras que Alcohólicos Anónimos y Recovery Inc. utilizan lemas de orientación y directrices («Día a día», o «Noventa reuniones en noventa días»). A través de la investigación realizada en el seno de un grupo de modelado del comportamiento para delincuentes sexuales masculinos se observó que la forma más eficaz de orientación se alcanzó por medio de instrucciones sistemáticas o mediante sugerencias alternativas sobre cómo alcanzar un objetivo deseado.[7]

En los grupos interactivos y dinámicos de terapia, ofrecer consejos forma invariablemente parte de la existencia inicial del grupo, aunque sólo tenga un valor limitado para los miembros. Posteriormente, cuando el grupo en su totalidad ha superado la fase de resolución de problemas y empieza a dedicarse al trabajo interactivo, la reaparición de la consulta o del ofrecimiento de consejos acerca de una cuestión concreta indica que el grupo evita el trabajo terapéutico.

Altruismo

En todo grupo de terapia, los pacientes se ayudan mucho entre sí. Comparten problemas similares, se ofrecen mutuamente ayuda, sugerencias e *insights,* y se tranquilizan unos a otros. Para un paciente que inicia la terapia, que se siente desmoralizado y cree que no puede ofrecer nada de valor a nadie, la experiencia de ser útil a otros miembros del grupo puede resultar sorprendentemente gratificante, y es una de las razones por las cuales la terapia de grupo incrementa con tanta frecuencia la autoestima. El factor terapéutico del altruismo es exclusivo de la terapia de grupo. Los pacientes sometidos a terapia individual casi nunca viven la experiencia de ser útil al psicoterapeuta.

El acto altruista no sólo potencia la autoestima, sino que también distrae a los pacientes que malgastan gran parte de su energía psíquica inmersos en una obsesiva concentración en sí mismos. El paciente que se encuentra atrapado en cavilaciones sobre sus propias tribulaciones psicológicas se ve repentinamente obligado a ser útil a otra persona. Debido a su misma estructura, el grupo de terapia fomenta la ayuda a los demás y contrarresta el solipsismo.

Desarrollo de las técnicas de socialización

El aprendizaje social –el desarrollo de habilidades sociales básicas– es un factor terapéutico que opera en todos los grupos de psicoterapia, aunque la naturaleza de las habilidades que se enseñan y el carácter explícito del proceso varían ampliamente dependiendo del tipo de grupo. En algunos grupos, como los que preparan a los pacientes ingresados por mucho tiempo para cuando sean dados de alta, o aquellos para adolescentes que sufren problemas conductuales, se subraya explícitamente el desarrollo de las habilidades sociales.

Con frecuencia, se utilizan las técnicas del juego de rol para preparar a los pacientes para entrevistas de trabajo, o para enseñar a los chicos adolescentes cómo invitar a bailar a una chica.

En los grupos de mayor orientación interactiva, los pacientes profundizan en su comportamiento social inadaptativo a partir del sincero *feedback* que se ofrecen unos a otros. Un paciente puede, por ejemplo, enterarse de que tiene la desconcertante tendencia de evitar el contacto ocular durante la conversación, o del efecto que tiene sobre los demás su voz susurrante y sus brazos constantemente cruzados, o de una gran cantidad de hábitos que, sin saberlo él, han estado minando sus relaciones sociales.

El comportamiento imitativo

Resulta diifícil calcular la importancia que tiene el comportamiento imitativo como factor terapéutico, pero la investigación psicológica y social indica que los psicoterapeutas subestiman su importancia.[8] Durante la terapia de grupo, los miembros se benefician de la observación de la terapia de otro paciente que tiene problemas similares, un fenómeno que se denomina aprendizaje vicario.

Una participante reprimida y tímida del grupo, por ejemplo, que observa cómo otra mujer del grupo experimenta con un comportamiento más extravertido y con un aspecto más atractivo, puede entonces experimentar a su vez de forma similar con nuevas maneras de arreglarse y de autopresentarse. O un miembro solitario y emocionalmente limitado puede empezar a imitar a otro hombre del grupo, que, al expresarse abierta y francamente, recibe un *feedback* positivo de las mujeres del grupo.

Catarsis

La catarsis, o dar rienda suelta a las emociones, es un factor terapéutico complejo que está asociado con otros procesos grupales, especialmente con la universalidad y la cohesión. El puro acto de dar rienda suelta a las sensaciones, en sí mismo, raramente promueve un cambio duradero en el paciente, aunque vaya acompañado de una sensación de alivio emocional. Lo que es de primordial importancia es compartir con los demás el propio mundo interior con el fin de ser aceptado en el grupo. Ser capaz de expresar emociones fuertes y profundas, y aun así ser aceptado por los demás, es algo que pone en entredicho que seamos repugnantes e inaceptables, o que nadie pueda sentirse capaz de querernos.

La psicoterapia es, al mismo tiempo, una experiencia emocional y correctiva. Con el fin de que se produzca el cambio, el paciente, primero, tiene que experimentar algo con intensidad en el escenario grupal, y sufrir la sensación de catarsis que acompaña a dicha intensa experiencia emocional. Entonces, el paciente debe proceder a integrar el suceso catártico a través de la comprensión de su significado, primero, en el contexto del grupo, y segundo, en el contexto de su vida exterior. Discutiremos más adelante este principio en el apartado dedicado al aprendizaje interpersonal y al enfoque «aquí-ahora» de la psicoterapia grupal.

Recapitulación correctiva del grupo familiar primario

Muchos pacientes inician la terapia de grupo con una historia de experiencias sumamente insatisfactorias en el seno de su primero y más importante grupo: la familia primaria. Gracias a que la terapia de grupo ofrece una selección de posibilidades de recapitulación tan amplia, los pacientes pueden empezar a interactuar con los líderes o con otros miembros, tal como interactuaron en su día con sus padres y hermanos.

Un paciente excesivamente dependiente puede imbuir al líder de un saber y poder que no se corresponden con la realidad. Un individuo rebelde y desafiante puede considerar que el terapeuta es alguien que bloquea la autonomía del grupo o que despoja a los miembros de su individualidad. El paciente primitivo o caótico puede intentar escindir a los coterapeutas o incluso a todo el grupo provocando amargos desacuerdos. El paciente competitivo competirá con otros por conseguir la atención del terapeuta, o tal vez buscará aliados en un intento de enfrentarse a los terapeutas. Y un individuo retraído puede descuidar sus propios intereses en el intento aparentemente desinteresado de calmar a otros miembros o de asegurar el bienestar de éstos. Todos estos patrones de comportamiento pueden representar la recapitulación de experiencias familiares tempranas.

Lo que es de capital importancia en la psicoterapia de grupo interactivo (y en menor grado en otros escenarios grupales en los que se hace uso del *insight* psicológico) no es sólo que estas formas de conflictos familiares tempranos vuelvan a interpretarse, sino que se recapitulen de forma correctiva. El líder del grupo no debe permitir que estas relaciones que inhiben el crecimiento se congelen en el sistema rígido e impenetrable que caracteriza a muchas estructuras familiares. En su lugar, el líder debe examinar y cuestionar los roles fijos existentes en el grupo y alentar continuamente a los miembros para que prueben nuevos comportamientos.

Los factores existenciales

Uno de los enfoques existenciales para comprender los problemas de los pacientes postula que la lucha primordial del ser humano es aquella que tiene lugar contra los hechos dados de la existencia: la muerte, el aislamiento, la libertad y la carencia de sentido.[9] En ciertas clases de grupos de psicoterapia, especialmente en aquellos que giran en torno a los enfermos de cáncer o a pacientes que sufren enfermedades médicas crónicas que ponen sus vidas en peligro o en los grupos de duelo, tales hechos existenciales desempeñan un papel central en la terapia.

Incluso los grupos de terapia estándar se ocupan considerablemente de las preocupaciones existenciales si el líder del grupo está bien informado y es sensible a estas cuestiones. En el curso de la terapia, los miembros empiezan a darse cuenta de que la orientación y el apoyo que pueden recibir de los demás tienen un límite. Se dan cuenta de que es en ellos en quienes recae la responsabilidad final de la autonomía del grupo y de la forma en que deben vivir su vida. Aprenden que, aunque se pueda estar cerca de los demás, existe, no obstante, una inevitable soledad, propia de la existencia. A medida que van aceptando algunas de estas cuestiones, aprenden a enfrentarse a sus limitaciones con mayor franqueza y valor. En la psicoterapia de grupo, la relación sólida y confiada entre los miembros –el encuentro básico, íntimo– tiene un valor intrínseco, ya que proporciona una presencia y un «estar con» frente a las duras realidades existenciales.

Cohesión

La cohesión del grupo es una de las características más complejas y absolutamente esenciales de una psicoterapia de grupo exitosa. La cohesión grupal se refiere al atractivo que los participantes ejercen sobre el grupo y sobre el resto de los miembros. Los miembros de un grupo cohesivo se aceptan y se apoyan mutuamente y tienden a formar relaciones significativas en el seno del grupo. La investigación indica que los grupos cohesivos logran mejores resultados terapéuticos.[10] Al igual que sucede en la psicoterapia individual, es la relación que se establece entre el terapeuta y el paciente la que cura; la cohesión es la versión paralela, en el seno de la terapia de grupo, de dicha relación terapeuta-paciente. La mayoría de los pacientes psiquiátricos han sufrido una triste historia de pertenencia: con anterioridad nunca han sido un miembro valioso, esencial ni participante en ningún tipo de grupo, por lo que la pura gestión exitosa de una experiencia de terapia grupal resulta, por sí misma, curativa. Y es más: el comportamiento social exigido a los miembros para gozar de la estima de un grupo cohesivo también resultará adaptativo para el individuo en la vida social que mantiene fuera del grupo.

La cohesión grupal ofrece asimismo condiciones de aceptación y de comprensión. En condiciones de cohesión, los pacientes tienden a expresarse y examinarse a sí mismos, a tomar conciencia de aspectos de su propia persona que hasta entonces les resultaban inaceptables y a integrarlos, y a identificarse de una forma más profunda con los demás. La cohesión en un grupo favorece la autorrevelación, el riesgo y la expresión constructiva del enfrentamiento y del conflicto, todos ellos fenómenos que facilitan una psicoterapia exitosa.

Los grupos muy cohesivos son grupos estables que disfrutan de mayor asistencia, compromiso y participación activos por parte de los pacientes, así como una renovación mínima de los miembros. Algunos encuadres grupales, como aquellos que se especializan en un problema o trastorno particular (un grupo de apoyo para enfermos de cáncer, un grupo para estudiantes femeninas de derecho en el seno de un centro de salud universitario) desarrollará inmediatamente, debido a los problemas compartidos de sus miembros, una gran cohesión. En otras clases de grupos, especialmente aquellos cuyos miembros cambian con frecuencia, el líder debe facilitar activamente el desarrollo de este importante y omnipresente factor terapéutico (véase capítulo 7).

EL APRENDIZAJE INTERPERSONAL: UN FACTOR TERAPÉUTICO COMPLEJO Y PODEROSO

En la psicoterapia de grupo se proporciona a cada miembro un conjunto único de interacciones interpersonales que debe explorar. Sin embargo, los líderes a menudo pasan por alto, o aplican o entienden mal, el potente factor terapéutico que supone el aprendizaje interpersonal, acaso porque la comprensión y el fomento del examen interpersonal exigen una considerable habilidad y experiencia terapéutica. Con objeto de definir y comprender la utilización del aprendizaje interpersonal en la terapia de grupo, debemos estudiar cuatro conceptos subyacentes:

1. La importancia de las relaciones interpersonales.
2. La necesidad de experiencias emocionales correctivas para lograr el éxito de la psicoterapia.
3. El grupo como microcosmos social.
4. El aprendizaje de los patrones de comportamiento en el microcosmos social.

La importancia de las relaciones interpersonales

Las relaciones interpersonales contribuyen no sólo al desarrollo de la personalidad, tal como discutimos anteriormente, sino a la génesis de la psicopatología. Por tanto, las interacciones interpersonales pueden utilizarse en la terapia tanto para comprender como para tratar los trastornos psicológicos.

Las relaciones interpersonales y el desarrollo de la psicopatología

Dado el prolongado período de indefensión de la infancia, la necesidad de aceptación interpersonal y de seguridad es tan crucial para la supervivencia del niño en desarrollo como cualquier necesidad biológica básica.[11] Para asegurar y promover tal aceptación interpersonal, el niño acentúa, en la fase de desarrollo, aquellos aspectos de su comportamiento que son aprobados o que logran los fines deseados, y suprime aquellos otros que engendran castigo o desaprobación. La niña que crece en un hogar rígido en el que no se alienta la expresión de las emociones, por ejemplo, aprende pronto a reprimir sus sentimientos espontáneos en favor de un comportamiento más distante.

La psicopatología surge cuando las interacciones con otras personas significativas provocan distorsiones fijas que persisten más allá del período de la conformación original: distorsiones en la forma de percibir a los demás, y en la comprensión de las propias necesidades y de las necesidades de los demás, en la forma de reaccionar ante diversas interacciones interpersonales. «Parece que no existe un agente más eficaz que otra persona para dar vida a un mundo propio, o para marchitar la realidad en la que uno habita mediante una mirada, un gesto o un comentario.»[12]

Las relaciones interpersonales y los síntomas presentes

Generalmente, los pacientes no son conscientes de la importancia que las cuestiones interpersonales tienen en su enfermedad clínica. Se someten a tratamiento para aliviar diversos síntomas perturbadores, como la ansiedad o la depresión. La primera tarea del psicoterapeuta de orientación interpersonal consiste en concentrarse en la patología interpersonal que subyace a un complejo concreto de síntomas. En otras palabras, el terapeuta traduce síntomas psicológicos o psiquiátricos a un idioma interpersonal.

Consideremos, por ejemplo, un paciente que se queja de depresión. Rara vez resulta fructífero que el psicoterapeuta aborde la «depresión» per se. El típico conjunto de síntomas constituido por un estado de ánimo disfórico y signos neurovegetativos no ofrece en sí mismo ni por sí mismo un lugar al que asirse para iniciar el proceso de cambio psicoterapéutico. En su lugar, el terapeuta se identifica con la persona deprimida y determina los problemas interpersonales subyacentes que surgen de la depresión y a la vez la exacerban (problemas tales como la dependencia, el servilismo, la incapacidad de expresar ira y la hipersensibilidad al rechazo).

Una vez detectados estos temas interpersonales inadaptativos, el terapeuta aborda cuestiones más tangibles. La dependencia, la rabia, el servilismo, la incapacidad de expresar ira y la hipersensibilidad saldrán a la superficie en la relación terapéutica y serán susceptibles al análisis y al cambio.

Experiencias emocionales correctivas

La terapia es una experiencia emocional y correctiva. Los pacientes deben experimentar algo intensamente, pero deben asimismo entender las consecuencias de dicha experiencia emocional. El trabajo terapéutico consiste en una secuencia alterna de, en primer lugar, experimentación y expresión del afecto, y en segundo lugar, de análisis y comprensión de dicho afecto. Franz Alexander introdujo el concepto de «experiencia emocional correctiva» en 1946: «Con objeto de que lo ayuden, el paciente debe sufrir una experiencia emocional correctiva adecuada a la reparación de la influencia traumática de experiencias previas».[13]

Estos dos principios básicos de la psicoterapia individual –la importancia de una experiencia emocional intensa y el descubrimiento por parte del paciente de que sus reacciones son inapropiadas– son igualmente decisivos para la psicoterapia de grupo. El escenario grupal, de hecho, ofrece muchas más oportunidades para la génesis de experiencias emocionales correctivas, ya que contiene una gran cantidad de tensiones intrínsecas, así como múltiples situaciones interpersonales, ante las cuales debe reaccionar el paciente.

Para que las interacciones inherentes a un escenario grupal se traduzcan en experiencias emocionales correctivas, son necesarias dos condiciones fundamentales:

1. Los miembros deben considerar al grupo lo suficientemente seguro y capaz de prestarles apoyo como para estar dispuestos a expresar las diferencias y tensiones básicas.

2. Debe existir el *feedback* y la franqueza expresiva suficientes como para enfrentarse eficazmente a la realidad.

La experiencia emocional correctiva en la psicoterapia de grupo tiene, por tanto, varios componentes, que resumimos en el cuadro nº 1.

El grupo como microcosmos social

Una experiencia emocional correctiva se puede producir en el seno de un grupo cuando se permite que afloren las tensiones y modalidades de relación básicas en un entorno seguro y sincero, seguido todo ello del examen de las interacciones interpersonales subsiguientes y del aprendizaje a partir de éstas. Lo que convierte a la psicoterapia de grupo en el ámbito idóneo para esta clase de aprendizaje interpersonal es el hecho de que los miembros individuales del grupo crean sus tensiones interactivas características y llevan a cabo sus modalidades inadaptativas de relación directamente en el encuadre grupal. Para expresarlo de otro modo, el grupo de terapia deviene un microcosmos social para cada uno de sus miembros, un microcosmos en el cual cada miembro puede, entonces, sufrir experiencias emocionales correctivas.

CUADRO 1. **Los componentes de la experiencia emocional correctiva en la psicoterapia de grupo**

Características del grupo	Proceso	Resultado
Entorno seguro Interacciones de apoyo	Expresión de tensiones y emociones básicas	Evocación del afecto
Feedback franco Reacciones sinceras	Enfrentamiento con la realidad y examen de la experiencia emocional de cada paciente	Integración del afecto

Desarrollo del microcosmos social

Tarde o temprano (dados el tiempo y la libertad suficientes, y siempre y cuando se considere seguro al grupo), empiezan a aflorar las tensiones y distorsiones interpersonales subyacentes de cada uno de los miembros. Cada persona del grupo empieza a interactuar con otros miembros de la misma manera en que lo hace con otras personas fuera de él. Los pacientes crean dentro del grupo el mismo tipo de mundo interpersonal que habitan en el exterior. Salen a la luz la competencia por atraer la atención, la lucha por conseguir la dominación y el *status* y las tensiones sexuales, así como las distorsiones estereotipadas sobre la extracción social y los valores.

El grupo se convierte en un experimento de laboratorio en el que la fortaleza y la debilidad interpersonales se despliegan en miniatura. Lenta pero previsiblemente, la patología interpersonal de cada individuo se exhibe ante el resto de los miembros del grupo. La arrogancia, la impaciencia, el narcisismo, el orgullo, la sexualidad; todos estos rasgos acaban por salir a la superficie y se representan dentro de los límites del grupo.

En un grupo al que se alienta a desarrollarse libremente de un modo seguro y orientado hacia la interacción, casi no hay necesidad de que los miembros describan su pasado o informen sobre las dificultades actuales a las que se enfrentan en las relaciones que mantienen en la vida fuera del grupo. Tal como muestran los casos clínicos que presentamos a continuación, el comportamiento grupal de los pacientes proporciona datos más exactos e inmediatos. Los miembros individuales empiezan a exteriorizar sus problemas interpersonales específicos ante los ojos de todos los integrantes del grupo, y perpetúan sus distorsiones bajo la mirada colectiva de sus compañeros de grupo. Un grupo que interactúa libremente acaba por convertirse en el microcosmos social de cada uno de los miembros que integran dicho grupo.

Casos clínicos

Elizabeth era una atractiva mujer que, tras el ascenso y el traslado de su marido, abandonó una carrera meteórica y tuvo un hijo. Pronto cayó en una grave depresión, y se sintió abrumada por un dolor y una tristeza que no podía expresar. Pensaba que su vida carecía de intimidad, y tenía la impresión de que sus relaciones sociales, incluido su matrimonio, eran superficiales y poco auténticas. Era encantadora, sensible y se preocupaba por todos. Sin embargo, rara vez dejaba ver al grupo lo que ocurría detrás de su serena fachada y en las profundidades de su dolor y su desesperanza. La profunda vergüenza que sentía por su depresión (después de todo era rica, privilegiada, y «todo le iba tan bien») y la vergüenza, aún más profunda, que le hacía sentir su infancia, llena de una miseria a la cual había logrado escapar, tuvo como resultado que volviese a crear en el seno del grupo la misma clase de relaciones cordiales, pero distantes y poco gratificantes, que había establecido en su vida social y en su matrimonio.

Cuando Alan se hizo miembro del grupo, se quejaba de que en su vida no había euforia ni depresiones, sino sólo una uniformidad neutral y funcional. No tenía amigos íntimos y, aunque había alcanzado un gran éxito profesional, mantenía una actitud compulsiva, competitiva e intimidatoria en su lugar de trabajo, que hacía que sus compañeros se mantuviesen a distancia. Aunque tenía frecuentes citas sexuales, la emoción inicial siempre acababa inevitablemente abandonándolo. Una mujer por la que sentía un vivo interés se había negado a comprometerse con él y había acabado su relación, dejándolo con una sensación de vacío. Alan pronto recreó esta situación en miniatura en el grupo de terapia. Aunque era un miembro activo que se expresaba bien, se dedicaba a establecer un dominio ingenioso, aunque desdeñoso, sobre las mujeres del grupo, incluyendo a la coterapeuta. Las mujeres del grupo empezaron a sentirse denigradas y se apartaron de él. También adoptó una postura sumamente competitiva e intimidatoria frente a los hombres, y pronto todos los miembros empezaron a evitar cualquier interacción significativa o emocional con él. Alan, rápidamente, consiguió aislarse de todas las relaciones del microcosmos social del grupo, perpetuando así su omnipresente sensación de vacío.

Bob era un artista joven y rebelde con inclinaciones delictivas. Su vida exterior se caracterizaba por el rechazo de la autoridad y el *status* profesional, un rechazo que, más que el resultado de una madura confianza en sí mismo, era pueril e ineficaz. Evitaba la competencia real en su vida social y laboral, y esta actitud estaba obstaculizando seriamente su éxito económico y profesional. Dentro del grupo adoptó rápidamente el papel de provocador, y desafiaba y aguijoneaba frecuentemente a los demás miembros. Su relación con el coterapeuta devino especialmente compleja: Bob pronto se vio incapaz de mirar al terapeuta cara a cara o de aceptar ningún tipo de *feedback* positivo que proviniese de él. Cuando era interrogado, Bob se negaba a responder, y en ocasiones dijo que temía echarse a llorar. El trabajo grupal empezó a clarificar el otro lado de la rebeldía mostrada por Bob, y gradualmente empezó a comprender el carácter contradependiente de su rebeldía: Bob sentía una gran ansia de dependencia y un gran deseo de que alguien se ocupase de él, pero el miedo a esos intensos deseos lo llevó a adoptar su característica actitud desafiante, tanto dentro como fuera del grupo.

Aprender de la conducta en el microcosmos social

Debido a la amplia gama de experiencias emocionales correctivas que ofrece el escenario grupal, el proceso de psicoterapia de grupo proporciona al terapeuta un instrumento extremadamente poderoso para efectuar cambios: el aprendizaje interpersonal. Esbozamos esquemáticamente este proceso en la siguiente secuencia –proceso en el que la psicopatología emerge de las interacciones interpersonales distorsionadas y se encarna en ellas; en el que el grupo deviene un microcosmos social a medida que cada uno de los miembros exhibe su patología interpersonal; y en el que el *feedback* permite a cada uno de los miembros experimentar, detectar y modificar su comportamiento interpersonal inadaptado–, y lo resumimos en el cuadro 2:[14-15]

CUADRO 2. **Aprender a partir de patrones de comportamiento en el microcosmos social del grupo**

Exhibición de la patología interpersonal
↓
Feedback y autoobservación
↓
Compartir reacciones
↓
Estudiar los resultados de compartir reacciones
↓
Comprender la propia opinión del «yo»
↓
Desarrollar un sentido de responsabilidad de la propia presentación del «yo»
↓
Darse cuenta del propio poder de efectuar cambios en la presentación del «yo»

---

1. La psicopatología y la sintomatología surgen a partir de relaciones interpersonales inadaptadas y se perpetúan en ellas. Muchas de estas relaciones interpersonales inadaptadas se basan en distorsiones que surgen a raíz de experiencias más tempranas del desarrollo.

2. Dados el suficiente tiempo, libertad y sensación de seguridad, el grupo de terapia se convierte en un microcosmos social, en una representación miniaturizada del universo social de cada uno de los miembros.

3. Se produce una secuencia interpersonal regular:

Exhibición de la patología: los miembros exhiben su conducta inadaptada característica a medida que surgen las tensiones y las interacciones interpersonales en el grupo.

Feedback y autoobservación: los miembros comparten las observaciones que realizan al examinarse unos a otros y descubren algunos de sus puntos débiles y distorsiones interpersonales.

Compartir reacciones: los miembros del grupo señalan los puntos débiles de cada uno de los participantes y comparten las respuestas y los sentimientos mostrados al reaccionar ante el comportamiento interpersonal de cada uno.

Resultado del hecho de compartir reacciones: cada uno de los miembros empieza a tener una imagen más objetiva de su propio comportamiento y del impacto que éste tiene sobre los demás. Se clarifican las distorsiones interpersonales.

La propia opinión del «yo»: cada uno de los miembros toma conciencia del modo en que su comportamiento influye en las opiniones de los demás y, por tanto, en su propia autoestima.

Sentido de la responsabilidad: como resultado de comprender cómo influye el comportamiento interpersonal en la propia sensación de valía personal, los miembros toman mayor conciencia de su responsabilidad de corregir las distorsiones interpersonales y de establecer una vida interpersonal más sana.

Darse cuenta del propio poder de efectuar cambios: al aceptar la responsabilidad de los dilemas interpersonales vitales, cada uno de los miembros empieza a darse cuenta de que uno puede cambiar lo que ha creado.

Grado de afecto: cuanta mayor carga afectiva posean los acontecimientos presentes en esta secuencia, tanto mayor será el potencial de cambio. Cuanto más se produzcan los diferentes pasos del aprendizaje interpersonal a modo de experiencia emocional correctiva, tanto más perdurable será ésta.

El aprendizaje interpersonal es el mecanismo de cambio fundamental en los grupos de interacción no estructurados de alto rendimiento y de larga duración. En este escenario, de hecho, los miembros clasifican los elementos del aprendizaje interpersonal como el aspecto más útil de la experiencia de la terapia grupal.[16-17] No todos los grupos de terapia se concentran de manera explícita en el aprendizaje interpersonal; sin embargo, la interacción interpersonal, con su rico potencial para el aprendizaje y el cambio, tiene lugar cada vez que se reúne un grupo. A los terapeutas de grupo de cualquier tendencia les corresponde conocer estos principios fundamentales.

LAS FUERZAS QUE MODIFICAN LOS FACTORES TERAPÉUTICOS

La terapia de grupo es un foro para el cambio, cuya forma, contenido y proceso varían considerablemente entre los grupos existentes en distintos escenarios y con objetivos diferentes, así como dentro de un mismo grupo en cualquier momento dado. En otras palabras, diferentes tipos de grupos utilizan distintos conjuntos de factores terapéuticos, y además, a medida que evolucionan, entran en juego distintos grupos de factores. Tres fuerzas modificadoras influyen en los mecanismos terapéuticos existentes en cualquier grupo dado: el tipo de grupo, la fase de terapia, y las diferencias individuales entre los pacientes.

El tipo de grupo

Las diferentes clases de grupos utilizan distintos factores terapéuticos. Cuando los investigadores piden a los miembros de los grupos interactivos de larga duración para pacientes externos que identifiquen los factores terapéuticos más importantes de su tratamiento, éstos seleccionan sistemáticamente una constelación de tres factores: el aprendizaje interpersonal, la catarsis y la autocomprensión.[14] Por el contrario, los pacientes internos identifican otros mecanismos: infundir esperanza, por ejemplo, así como el factor existencial de asunción de responsabilidad.[18-19]

¿A qué se deben estas diferencias? Por una parte, los grupos de pacientes internos, por lo general, cambian con mayor frecuencia de miembros, y su composición clínica es bastante heterogénea; pacientes con una entereza, motivación, objetivos y psicopatología muy divergentes, se encuentran en el mismo grupo durante períodos temporales variables. Además, los pacientes psiquiátricos, generalmente, ingresan en el hospital en un estado de desesperanza, tras haber agotado todos los recursos disponibles. Infundir esperanza y asumir responsabilidad es de suma importancia para los pacientes que se encuentran en ese estado. Los pacientes externos a largo plazo y de rendimiento más alto, sin embargo, son más estables y están más motivados para trabajar sobre cuestiones más sutiles y complejas del funcionamiento interpersonal y del autoconocimiento.

Los grupos que están organizados en torno a conceptos de autoayuda, tales como Alcohólicos Anónimos y Recovery Inc., o grupos de apoyo especializados, tales como Amigos Compasivos (para padres que han perdido a un hijo), poseen una agenda clara y definida. En dichos grupos, será más operativo un conjunto de factores terapéuticos totalmente distinto, generalmente la universalidad, la orientación, el altruismo y la cohesión.[20]

La fase de terapia

Las necesidades y los objetivos de los pacientes cambian durante el curso de la psicoterapia y también lo hacen los factores terapéuticos que les son más útiles. En las primeras fases, un grupo de pacientes externos se preocupa de establecer los límites y de mantener sus miembros, dominando factores tales como infundir esperanza, la orientación y la universalidad.

Otros factores, como el altruismo y la cohesión del grupo, destacan en los grupos de pacientes externos durante toda la duración de la terapia. Sin embargo, su naturaleza y el modo en que se manifiestan cambian notablemente según la fase en que se encuentre el grupo. Consideremos, por ejemplo, el altruismo. Durante las sesiones iniciales del grupo, los pacientes se manifiestan altruistas al ofrecerse sugerencias mutuamente, al plantear las preguntas apropiadas y al demostrar interés y atención. Más adelante, pueden ser capaces de expresar que comparten la emoción de manera más profunda y de una forma más sincera.

La cohesión es otro factor terapéutico cuya naturaleza y papel en el seno del grupo cambia con el tiempo. Inicialmente, la cohesión grupal se refleja en el apoyo y en la aceptación grupales; más adelante, facilita la autorrevelación y, a la larga, posibilita que los miembros examinen diversas tensiones, como las cuestiones de enfrentamiento y conflicto, tensiones esenciales para el aprendizaje interpersonal. Éstas, a su vez, propician un sentido más profundo y diferente de la intimidad y la cohesión grupal. Cuanto más tiempo participen los pacientes en un grupo, tanto más valorarán los factores terapéuticos de cohesión, autocomprensión e interacción interpersonal.[17]

Diferencias individuales entre los pacientes

Cada paciente de la psicoterapia de grupo tiene sus propias necesidades, estilo de personalidad, nivel de rendimiento y psicopatología. Cada uno de ellos posee un conjunto de factores terapéuticos que le resulta beneficioso. Dentro del mismo grupo, los pacientes de mayor rendimiento, por ejemplo, valoran más el aprendizaje interpersonal que los pacientes que funcionan en un nivel más bajo. En un estudio realizado entre grupos de pacientes internos, ambos tipos de pacientes eligieron como elementos útiles de la terapia de grupo la conciencia de tener responsabilidad y la catarsis; sin embargo, los pacientes de menor rendimiento también valoraron el hecho de infundir esperanza, mientras que los pacientes de rendimiento más alto seleccionaron la universalidad, el aprendizaje indirecto y el aprendizaje interpersonal como experiencias adicionales útiles.[19]

Una experiencia de grupo se parece a un autoservicio terapéutico en el sentido de que hay disponibles muchos mecanismos distintos de cambio, y cada paciente individual «elige» aquellos factores particulares que se adecuan mejor a sus necesidades y problemas. Consideremos la catarsis: el individuo pasivo y reprimido se beneficia de experimentar y expresar un fuerte afecto, mientras que alguien que padece un descontrol de los impulsos se beneficia del autodominio y de la estructuración intelectual de la experiencia afectiva. Algunos pacientes necesitan desarrollar habilidades sociales muy básicas, mientras que otros se benefician de la identificación y del examen de cuestiones interpersonales mucho más sutiles.

REFERENCIAS

1. Fuhriman, A. y Butler, T., «Curative factors in group therapy: a review of the recent literature», *Small Group Behavior,* 1983, 14, págs. 131-142.
2. Corsini, R. y Rosenberg, B., «Mechanism of group psychotherapy: processes and dynamics». *Journal of Abnormal and Social Psychology,* 1955, 51, págs. 406-411.
3. Yalom, I. D., *The Theory and Practice of Group Psychotherapy,* Nueva York, Basic Books, 1970.
4. Bloch, S. y Crouch, E., *Therapeutic Factors in Group Psychotherapy,* Oxford, Inglaterra, Oxford University Press, 1985.
5. Goldstein, A. P., *Therapist-Patient Expectancies in Psychotherapy,* Nueva York, Pergamon Press, 1962.
6. Bloch, S., Bond, G., Qualls, B. *et al.,* «Patients' expectations of therapeutic improvement and their outcomes», *Am J Psychiatry,* 1976, 133, págs. 1457-1459.
7. Flowers, J., «The differential outcome effects of simple advice, alternatives and instructions in group psychotherapy». *Int J Group Psychother,* 1979, 29, págs. 305-315.
8. Bandura, A., Blanchard, E. B. y Ritter, B., «The relative efficacy of desensitization and modeling approaches for inducing behavioral, affective and attitudinal changes», *J Pers Soc Psychol,* 1969, 13, págs. 173-199.
9. Yalom, I. D., *Existential Psychotherapy,* Nueva York, Basic Books, 1980 (trad. cast.: *Psicoterapia existencial,* Barcelona, Herder, 1984).
10. Budman, S. H., Soldz, S., Demby, A. *et al., Cohesion, alliance, and out-*

come in group psychotherapy: an empirical examination, Psychiatry, en prensa.

11. Sullivan, H. S., «Psychiatry: introduction to the study of interpersonal relations», *Psychiatry,* 1938, 1, págs. 121-134.
12. Goffman, E., *Encounters: Two Studies in the Sociology of Interaction,* Indianapolis, Bobbs-Merril, 1961.
13. Alexander, F. y Franck, T., *Psychoanalytic Therapy: Principles and Applications,* Nueva York, Ronald Press, 1946.
14. Yalom, I. D., *The Theory and Practice of Group Psychotherapy,* Nueva York, Basic Books,[3] 1985.
15. Yalom, I. D., «Interpersonal learning», en Frances, A. J., y Hales, R. E. (comps.) *Psychiatry Update: The American Psychiatric Association Annual Review,* vol. 5, Washington, DC, American Psychiatric Press, Inc., 1986.
16. Freedman, S. y Hurley, J., «Perceptions of helpfulness and behavior in groups», *Group* 1980, 4, págs. 51-58.
17. Butler, T. y Fuhriman, A., «Patient perspective on the curative process: a comparison of day treatment and outpatient psychotherapy groups», *Small Group Behavior,* 1980, 11, págs. 371-388.
18. Yalom, I. D. *Inpatient Group Psychotherapy,* Nueva York, Basic Books, 1983.
19. Leszcz, M., Yalom, I. D. y Norden, M., «The value of inpatient group psychotherapy and therapeutic process: patients' perceptions», *Int J Group Psychother,* 1985, 35, págs. 177-196.
20. Lieberman, M. A. L. y Borman, L., *Self-Help Groups for Coping with Crisis,* San Francisco, Jossey Bass, 1979.

CAPÍTULO 3

CONSTRUIR LOS CIMIENTOS DE UN GRUPO DE PSICOTERAPIA

Mucho antes de la primera reunión de un grupo de psicoterapia, el líder ha estado trabajando de firme, ya que la primera tarea de un terapeuta de grupo consiste en establecer una entidad física donde no ha existido previamente ninguna. En este papel de fundador, el terapeuta es el catalizador inicial del grupo y su fuerza unificadora primaria: en un principio, los miembros se relacionan unos con otros a través de la relación común con el líder, y más tarde con los objetivos y el marco que éste ha elegido para el grupo (cuadro 1).

EVALUAR LAS LIMITACIONES Y ELEGIR LOS OBJETIVOS

A todo líder le gustaría formar un grupo de terapia que fuese estable, se reuniese regularmente y estuviese compuesto por miembros homogéneos que se sintiesen motivados y que fuesen capaces de trabajar para lograr metas terapéuticas ambiciosas; pero en realidad muy pocas situaciones clínicas a las que se enfrenta el terapeuta de grupo satisfacen estos criterios ideales. Por tanto, los terapeutas deben necesariamente seguir dos pasos antes de formular los objetivos del grupo:

1. Primero deben evaluar las condiciones clínicas intrínsecas e inmutables o las limitaciones dentro de las cuales tiene que trabajar el grupo.

2. Después tienen que examinar los factores extrínsecos que afectan al grupo y cambiar aquellos que obstaculicen la capacidad del grupo de trabajar eficazmente.

Una vez que el líder ha establecido la estructura óptima para un grupo –dados estos factores intrínsecos y extrínsecos–, puede elegir entonces las metas apropiadas.

Limitaciones intrínsecas

Las limitaciones intrínsecas están incorporadas al contexto clínico del grupo de terapia. Se trata de hechos vitales que sencillamente no pueden cambiarse, y el líder del grupo debe encontrar el modo de adaptarse a ellos. Por ejemplo, los pacientes que están en libertad provisional pueden verse obligados a demostrar la asistencia obligatoria a un grupo organizado para perso-

---

CUADRO 1. **Construir los cimientos de un grupo de psicoterapia**

---

1. Evaluar las limitaciones clínicas.
   - *Limitaciones clínicas intrínsecas*: hechos vitales, cosas que no se pueden cambiar; tienen que incorporarse en la estructura del grupo del modo más terapéutico posible.
   - *Factores extrínsecos*: cosas que el terapeuta puede cambiar para elaborar la estructura grupal óptima, dadas las restricciones de las limitaciones intrínsecas.
2. Establecer la estructura básica del grupo.
   - Población de pacientes.
   - Apoyo del personal.
   - Limitaciones temporales generales.
   - Duración del tratamiento.
   - Meta general del tratamiento.
3. Formular objetivos específicos para el grupo.
   - Apropiados a la situación clínica.
   - Realizables dentro de las limitaciones temporales.
   - Adaptados a la capacidad de los miembros del grupo.
4. Determinar el escenario y tamaño exactos del grupo.
5. Establecer el marco temporal exacto del grupo.
   - Frecuencia de las sesiones.
   - Número de reuniones.
   - Duración de las reuniones.
   - Duración de la existencia del grupo.
   - Utilización de un grupo abierto o cerrado.
6. Decidir sobre el empleo de un coterapeuta.
7. Combinar la terapia de grupo con otros tratamientos cuando sea necesario.

---

nas que se encuentran en libertad provisional, y el líder debe tomar esta circunstancia cuidadosamente en consideración a la hora de reflexionar sobre las expectativas de resultados razonables. El nivel de motivación de las personas en libertad condicional que participan en un grupo obligatorio será muy diferente del de los matrimonios que asisten a talleres organizados por una iglesia para resolver conflictos matrimoniales. Otros factores clínicos intrínsecos, como la duración del tratamiento (por ejemplo, en el grupo de una unidad médica para pacientes hospitalizados que padecen cáncer), también influirán en la selección de los objetivos apropiados para un grupo.

Factores extrínsecos

Los factores extrínsecos son aquellos que se han convertido en una tradición o en una política en un escenario clínico dado y, aunque a primera vista parecen inmutables, son factores en los que un terapeuta puede influir a medida que formula objetivos apropiados para un grupo de terapia. Por ejemplo, puede que en una unidad de pacientes internos sólo se produzca una reunión de grupo una o dos veces por semana durante treinta minutos; pero, antes de que el terapeuta elija objetivos limitados para este insatisfactorio marco temporal, debe determinar en primer lugar si dichas limitaciones temporales pueden o no modificarse a fin de poder lograr metas más ambiciosas.

Los factores extrínsecos son arbitrarios y está en manos del terapeuta la posibilidad de cambiarlos. Muchos de ellos consisten en actitudes clínicas. Por ejemplo, el personal administrativo de una clínica de medicina conductual puede tener la impresión de que la psicoterapia de grupo no es una parte importante del programa clínico. En tal caso, un terapeuta de la clínica puede desear formar un grupo de reducción del estrés, pero tendrá dificultades a la hora de conseguir que le sean remitidos los pacientes adecuados, el espacio o el apoyo del personal administrativo. Los terapeutas deben intentar enérgicamente abordar y cambiar esos factores extrínsecos antes de formar realmente un grupo de terapia.

Elegir objetivos asequibles

Tras estudiar las limitaciones intrínsecas a las que se enfrenta un grupo, y después de modificar los factores extrínsecos que influyen en el trabajo terapéutico, el líder ya conoce bien la estructura general del grupo. Ello incluye la población de pacientes, la duración del tratamiento, la frecuencia y duración de las reuniones y el apoyo del personal (cuadro 1). El siguiente paso que debe dar el terapeuta consiste en determinar el conjunto de objetivos apropiados a la situación clínica que pueden alcanzarse dentro del marco temporal disponible. Las metas que se fija un grupo para pacientes externos a largo plazo son ambiciosas: ofrecer alivio sintomático y también cambiar la estructura del carácter. Intentar aplicar esos mismos objetivos a un grupo de asistencia durante la convalecencia para pacientes que padecen esquizofrenia crónica, puede provocar nihilismo terapéutico. Los objetivos de los grupos especializados de tiempo limitado deben ser específicos, asequibles y estar hechos a la medida de la capacidad y potencial de los miembros del grupo. No hay nada que garantice de forma tan inevitable el fracaso de un grupo de terapia como la elección de unas metas inapropiadas.

El grupo tiene que constituir una experiencia exitosa. Los pacientes inician la psicoterapia sintiéndose derrotados y desmoralizados, y lo último que necesitan es un fracaso debido a su incapacidad de llevar a cabo la tarea grupal. Además, si los líderes formulan objetivos inalcanzables para un grupo, pueden enfadarse e impacientarse con la falta de progresos mostrada por sus pacientes, y ello pondrá en peligro su capacidad para trabajar terapéuticamente. En los capítulos 7 y 8 discutiremos detalladamente la elección de metas para grupos de terapia especializados.

ESCENARIO Y TAMAÑO DEL GRUPO

El escenario y el tamaño de un grupo de terapia deben estar en función de las limitaciones clínicas más importantes. El terapeuta que forma un grupo bisemanal para que se reúna en un centro de reinserción social, se enfrenta a perspectivas de escenario y de tamaño grupales muy diferentes de aquellas que debe afrontar un psiquiatra consultor que organiza un cursillo para personal hospitalario que trabaja con enfermos de sida.

Escenario del grupo

Es importante que el terapeuta de grupo elija un lugar de reunión de que siempre se pueda disponer, que tenga el tamaño adecuado, que disponga de asientos cómodos, que proporcione intimidad y que no distraiga la atención. Esto puede aplicarse tanto a las reuniones de la psicoterapia de grupo tradicional como a formas alternativas de trabajo grupal, tales como los cursillos para grupos de profesionales. El líder debe inspeccionar por adelantado cualquier lugar de reunión que planee utilizar, porque de lo contrario la sesión grupal puede convertirse en una lucha para encontrar una sala adecuada, para localizar sillas suficientes y para hacer frente a interrupciones imprevistas.

Siempre es necesaria una disposición circular de los asientos: todos los miembros del grupo tienen que poder verse unos a otros. La utilización de grandes sofás en muchas unidades de pacientes internos y algunos escenarios informales va en contra de una buena interacción. Si tres o cuatro miembros se sientan en una misma fila no podrán verse y, por consiguiente, la mayoría de los comentarios los dirigirán hacia el terapeuta, la única persona que todos podrán ver. Los muebles situados en el centro de la habitación que obstaculizan la visión, o sentar a los miembros del grupo en niveles señaladamente diferentes (algunos en sillas, otros en el suelo), impiden un contacto ocular directo y entorpecen una buena interacción.

Algunos terapeutas ofrecen café o té en el lugar de reunión, lo que ayuda a reducir la sensación inicial de ansiedad de los pacientes. Es una técnica útil para los grupos de pacientes de bajo rendimiento (como los grupos organizados en las clínicas de medicación para esquizofrénicos) y para ciertos grupos de breve duración. Por ejemplo, en un grupo de breve duración para viudos/as, servir refrescos ayudó a poner de relieve el enfoque hacia el apoyo social de las sesiones.[1]

Tamaño del grupo

El tamaño óptimo de un grupo está estrechamente vinculado a los factores terapéuticos que el líder desea fomentar en el trabajo grupal. Organizaciones tales como Alcohólicos Anónimos y Recovery Inc., que se basan en la inspiración, la orientación y la actuación directa para cambiar el comportamiento de sus miembros, operan hasta con 80 miembros. Por el contrario, los líderes que trabajan en una comunidad terapéutica (por ejemplo, un centro de reinserción social para pacientes a largo plazo) pueden hacer uso de un conjunto totalmente diferente de factores terapéuticos: puede que deseen utilizar la presión y la interdependencia grupal para fomentar un sentido individual de responsabilidad frente a la comunidad social. En esta clase de escenario, y con esa clase de metas terapéuticas, son más apropiados los grupos de aproximadamente quince miembros.

El tamaño ideal de un grupo prototípico interactivo de orientación interpersonal es de siete u ocho miembros y, desde luego, de no más de diez. Si el número de miembros es demasiado reducido, no se producirá la masa crítica necesaria de interacciones interpersonales. No habrá suficientes oportunidades para una amplia validación consensuada de diferentes puntos de vista, y los pacientes tenderán a interactuar uno por uno con el terapeuta más que mutuamente. Cualquier persona que haya intentado dirigir un grupo de sólo dos o tres pacientes conoce la frustración inherente a tal empresa. En un grupo de más de diez miembros, puede producirse una amplia y fructífera interacción, pero algunos miembros quedarán excluidos: el tiempo será insuficiente para examinar y comprender todas las interacciones de cada uno de los miembros.

Cuando se trabaja con pacientes internos o cuando se lideran grupos especializados de pacientes externos, el enfoque no tendrá una orientación interpersonal tan explícita como en el grupo prototípico de interacción, pero el terapeuta deberá seguir teniendo como objetivo conseguir un grupo animado y atractivo, un grupo que propicie la participación activa de la mayor cantidad de miembros posible. El tamaño grupal óptimo que permite a los miembros compartir mutuamente sus experiencias va desde un mínimo de cuatro o cinco hasta un máximo de doce participantes. Los grupos que oscilan entre seis u ocho miembros ofrecen las mayores oportunidad de intercambio verbal entre todos los pacientes.

EL MARCO TEMPORAL DEL GRUPO

En la psicoterapia de grupo el líder tiene la responsabilidad a la hora de establecer y mantener todos los aspectos del marco temporal del grupo dentro de los límites dados por el escenario clínico. Éstos incluyen la duración y la frecuencia de las sesiones, así como la utilización de grupos abiertos o cerrados.

La duración de las reuniones

La duración óptima de una sesión en una terapia de grupo en curso oscila entre 60 y 120 minutos.[2] Se necesitan de veinte a treinta minutos para que el grupo se caldee, y al menos son necesarios 60 minutos para trabajar en los temas más importantes de la sesión. Hay un punto de rendimiento decreciente, ya que al cabo de dos horas la mayoría de los terapeutas se dan cuentan de que empiezan a fatigarse, y el grupo se cansa y se vuelve repetitivo. Este principio también es válido para los cursillos de personal y los talleres, donde ciertas sesiones más centradas y más limitadas temporalmente están insertas en el contexto total.

Los grupos formados por pacientes de bajo rendimiento, que sólo pueden mantener la atención durante un período más breve y sólo toleran estímulos sociales limitados, requieren sesiones más cortas. Reuniones de 45 a 60 minutos permiten mantener la cohesión a esta clase de grupos, así como centrarse en un número limitado de cuestiones sin forzar la capacidad de los pacientes más frágiles. Los grupos que se reúnen con menor frecuencia o que están centrados en un trabajo interactivo de alto rendimiento requieren al menos 90 minutos por sesión para ser fructíferos. Algunos líderes de grupo asignan un tiempo fijo adicional para repasar el proceso o para observar el examen que realiza el terapeuta al final de cada sesión.[2]

Frecuencia de las reuniones

La frecuencia de las reuniones del grupo varía ampliamente, y depende nuevamente de las limitaciones clínicas y de los objetivos terapéuticos del grupo en cuestión. En un extremo se encuentran las sesiones de los grupos que se reúnen una vez al día, sobre todo en el escenario de pacientes internos, donde los grupos de terapia se reúnen por lo general de tres a seis veces por semana. En el otro extremo tenemos los grupos de apoyo de las clínicas de medicación que se reúnen una vez al mes, o los cursillos de personal especializado que lo hacen anualmente.

El programa semanal se desarrolla sobre todo en el trabajo con grupos de pacientes externos, y se adapta bien a grupos especializados o de apoyo, especialmente aquellos que operan con un número fijo de sesiones. Los grupos especializados de pacientes externos con una agenda limitada, como los grupos de apoyo para enfermos de narcolepsia, se reúnen por lo general bisemanalmente o una vez al mes. Si los grupos interactivos de larga duración quieren tener éxito, deben reunirse al menos una vez por semana; dos sesiones por semana, cuando resultan viables, aumentan enormemente la intensidad y la productividad del grupo.

La utilización de los grupos abiertos frente a los grupos cerrados

La decisión de dirigir un grupo abierto o cerrado está estrechamente relacionada con el escenario clínico, con los objetivos y con la duración identificada del grupo. Un grupo cerrado se reúne durante un número predeterminado de sesiones, se inicia con un número fijo de miembros, cierra sus puertas a partir de la primera sesión, y no acepta a nuevos miembros. Algunos escenarios clínicos dictan exactamente cuándo debe comenzar y finalizar un grupo cerrado. Por ejemplo, en un centro de salud universitario, un grupo de apoyo para estudiantes de posgrado que tengan problemas con sus tesis doctorales sólo debe desarrollarse durante el año académico; los horarios de clases y las vacaciones requieren que el grupo comience y finalice en una fecha específica. Algunos grupos cerrados, como aquellos para pacientes que padecen trastornos alimenticios o han perdido a un ser querido, tienen un protocolo para un número predeterminado de sesiones con un orden del día específico planeado de antemano para cada sesión.

Por el contrario, los grupos abiertos son más flexibles en lo que respecta a los miembros y a la estructura. Algunos permiten que tenga lugar una fluctuación de miembros, como sucede en los grupos de pacientes internos en una unidad psiquiátrica, que refleja el censo de la unidad, mientras que otros mantienen un tamaño constante al reemplazar a los miembros que abandonan el grupo. Los grupos abiertos suelen tener un conjunto más amplio de metas terapéuticas, y, por lo general, se reúnen indefinidamente; aunque los miembros vienen y se van, el grupo tiene vida propia. Aun cuando los miembros de los grupos de pacientes externos pueden abandonar el grupo cuando alcanzan sus metas terapéuticas (por término medio después de un período de seis a dieciocho meses), acaban introduciéndose nuevos miembros que ocupan su lugar. Se sabe que algunos grupos de centros de enseñanza psiquiátrica han tenido una duración superior a los veinte años y han sido el terreno de entrenamiento de varias generaciones de residentes.

UTILIZAR UN COTERAPEUTA

La mayoría de los terapeutas de grupo prefieren trabajar con un coterapeuta. Los coterapeutas se complementan y apoyan mutuamente. A medida que comparten puntos de vista y analizan intuiciones conjuntamente, se amplía la gama de observaciones y el poder terapéutico de cada uno de ellos.

El equipo de coterapeutas formado por un hombre y una mujer

Un equipo de coterapeutas formado por un hombre y una mujer goza de ventajas únicas. En primer lugar, recrea la configuración parental de la familia primaria que, para muchos de los miembros, acrecienta la carga afectiva del grupo. En segundo lugar, muchos pacientes pueden beneficiarse al observar el trabajo conjunto de un terapeuta y una terapeuta que se muestran respeto mutuo y sin la desigualdad, la explotación ni la sexualización que ellos con tanta frecuencia dan por sentados en las asociaciones entre hombres y mujeres. Y, lo que es más importante, los coterapeutas masculinos y femeninos proporcionan al grupo una selección más amplia de posibles reacciones de transferencia. Las reacciones de los pacientes diferirán marcadamente frente a cada uno de los coterapeutas. En un equipo formado por coterapeutas masculinos y femeninos, por ejemplo, una participante bastante seductora puede halagar al líder masculino y hacer caso omiso de la terapeuta femenina. Este patrón no sería tan evidente en un grupo que estuviese dirigido sólo por un terapeuta. O un hombre del grupo puede aliarse con la terapeuta femenina en un intento de competir con el terapeuta masculino.

Los miembros tendrán fantasías e ideas falsas sobre la relación existente entre los coterapeutas masculinos y femeninos, por lo general relacionadas con pensamientos y sentimientos sobre el equilibrio de poder entre ambos líderes (¿quién dirige realmente el grupo?) y con cuestiones de sexualidad (¿mantienen los coterapeutas una relación sexual fuera del grupo?). En un grupo cohesivo de alto rendimiento con coterapeutas expertos y maduros, estos importantes temas pueden y deben explorarse abiertamente.

Los coterapeutas y los grupos difíciles

El formato de coterapia es particularmente útil para terapeutas principiantes y para terapeutas experimentados que trabajan con una población de pacientes difícil. Además de clarificar la distorsión de transferencia de la presentación de cada uno en el grupo, los coterapeutas se apoyan mutuamente al mantener la objetividad frente a una presión grupal masiva. Con frecuencia, un terapeuta que trabaja solo se siente presionado para compartir la opinión del grupo, especialmente en situaciones en las que la postura terapéutica es la impopular.

Ejemplo de caso

Dos terapeutas experimentados dirigían un grupo en el que una mujer solitaria dijo haber mantenido una relación romántica con un paciente psiquiátrico de la unidad en la que ella había trabajado como voluntaria. Se castigó verbalmente a sí misma por ello en la sesión de grupo e, intentando mostrar su apoyo, los demás participantes aprobaron unánime y ruidosamente su comportamiento e intentaron presionar a los líderes para que adoptaran asimismo una postura acrítica. Al trabajar juntos, los coterapeutas pudieron apoyarse mutuamente y mantener su objetividad profesional, una postura que en última instancia ayudó a la paciente a contemplar su comportamiento desde una perspectiva más clara.

Los coterapeutas son inestimables a la hora de ayudarse mutuamente a resistir un ataque por parte de los miembros del grupo. Un terapeuta presionado puede sentirse demasiado amenazado, o bien para clarificar el ataque, o bien para propiciar un ataque ulterior sin parecer a la defensiva o despectivo. No hay nada más contundente que un líder que, al sentirse amenazado, dice: «Es realmente fantástico que expreséis vuestros verdaderos sentimientos y me ataquéis. ¡Seguid haciéndolo!». No obstante, en tales situaciones, un coterapeuta puede ayudar a un paciente a canalizar y expresar la ira que siente contra el otro líder de modo apropiado, y después ayudarlo a analizar la fuente y el significado de dicha ira.

Los coterapeutas también se ayudan mutuamente a plantear temas difíciles que permanecen ocultos en el grupo, especialmente cuando los restantes miembros del grupo se confabulan para mantener dichos temas encubiertos. Por ejemplo, en un grupo en el cual todos los miembros evitan deliberadamente mencionar un intercambio emocional ocurrido en una sesión previa, los coterapeutas pueden empezar expresando sus reacciones y pensamientos sobre dicha sesión.

Diferencias de opinión

Cuando los coterapeutas expresan una diferencia de opinión durante una sesión de grupo, deben considerarse dos factores: el nivel de rendimiento del grupo y su madurez. No se debe exponer a los pacientes de bajo rendimiento, más frágiles o inestables en general, a un conflicto entre los coterapeutas, por muy delicadamente que se exprese. Del mismo modo, un grupo interactivo incipiente para pacientes de alto rendimiento no es lo suficientemente estable o cohesivo como para tolerar la división en el seno del liderazgo.

Más tarde, en grupos estables de orientación interactiva, la sinceridad de los coterapeutas acerca de los puntos en que están en desacuerdo puede contribuir sustancialmente a la potencia y la transparencia del grupo. Cuando los miembros del grupo observan a dos líderes, a quienes ellos respetan, mostrar abiertamente su desacuerdo y resolver subsiguientemente sus diferencias con franqueza y tacto, ven a los terapeutas como seres humanos imperfectos, y no como figuras infalibles de autoridad. Esto ayuda a aquellos miembros que tienden a reaccionar ciegamente ante los demás actuando conforme a roles estereotipados (tales como las figuras de autoridad), así como a los que necesitan aprender a diferenciar entre la gente de acuerdo con sus atributos individuales. Los terapeutas que están dispuestos a participar personalmente en el proceso de exploración abierta de sentimientos y de resolución de conflictos, refrendan poderosamente el enfoque de la terapia de grupo (véase el apartado que aborda la transparencia del terapeuta).

Desventajas y problemas de la coterapia

Las desventajas más importantes del formato de coterapia provienen de los problemas existentes en la misma relación de coterapia. Si los coterapeutas se sienten recíprocamente incómodos, o son cerrados y competitivos, o se encuentran en profundo desacuerdo sobre el estilo y la estrategia, su grupo no podrá trabajar eficazmente. El principal motivo de fracaso se produce cuando los coterapeutas abrazan posiciones ideológicas enormemente divergentes.[3] Por ello, al elegir a un coterapeuta, es importante seleccionar a alguien que difiera lo suficiente en el estilo individual como para ser complementario, pero cuya orientación teórica sea similar, y con quien existan afinidades personales cómodas y estables.

Siempre que dos terapeutas que poseen niveles de experiencia muy distintos dirigen conjuntamente un grupo, deben ser ambos maduros y carecer de prejuicios, deben sentirse recíprocamente cómodos y también deben sentirse cómodos en sus papeles de coterapeutas o de profesor y alumno. La escisión es un fenómeno que tiene lugar con frecuencia en grupos que están dirigidos por coterapeutas, y algunos pacientes observan con gran perspicacia las tensiones existentes en la relación que une a los coterapeutas. Por ejemplo, si un terapeuta neófito envidia la experiencia clínica y el saber de un coterapeuta experto, un miembro que esté decidido a escindir el grupo puede maravillarse con todo lo que diga el terapeuta de más edad y menospreciar las intervenciones del terapeuta más joven.

En ocasiones, el grupo entero se divide en dos facciones, y cada coterapeuta tiene un equipo de pacientes de su lado. Esto sucede cuando los pacientes sienten que tienen una relación especial con uno u otro de los terapeutas, o cuando tienen la impresión de que uno de los terapeutas es más inteligente, tiene más experiencia, es más atractivo, es de una procedencia étnica similar o tiene áreas problemáticas parecidas (por ejemplo, un coterapeuta de un grupo para recuperación de alcohólicos que sea ex alcohólico). Siempre se debe tomar nota de la escisión, así como del problema de los subgrupos, que discutiremos más adelante en este mismo apartado, y se deben interpretar abiertamente dentro del grupo.

COMBINAR LA PSICOTERAPIA DE GRUPO CON OTROS TRATAMIENTOS

La psicoterapia de grupo se combina a menudo con otras modalidades de tratamiento. Por ejemplo, alguno de los pacientes de un grupo también pueden participar simultáneamente en una psicoterapia individual con otros terapeutas. Se trata de la terapia conjunta y es el mejor modo de combinar psicoterapias. En la terapia combinada, todos los miembros de un grupo, o algunos de ellos, se encuentran en psicoterapia individual paralela con el terapeuta de grupo. La psicoterapia de grupo se puede combinar asimismo con breves visitas clínicas. Por ejemplo, los enfermos mentales crónicos de un centro de salud mental comunitario pueden celebrar una breve sesión con un asistente social o con el psiquiatra que les receta su medicación, y después participar en una sesión semanal de grupo.

Psicoterapia individual más psicoterapia de grupo

¿Cuándo resulta útil combinar la psicoterapia individual con la terapia de grupo? Algunos pacientes atraviesan una crisis vital tan grave que requieren un apoyo individual temporal, además de la terapia de grupo. Otros están tan crónicamente discapacitados por el miedo, la ansiedad o la agresión que exigen psicoterapia individual para permanecer en el grupo y poder participar eficazmente. Los enfoques de la psicoterapia individual y de la terapia grupal se complementan mutuamente cuando el terapeuta individual y el terapeuta de grupo se apoyan uno a otro, cuando mantienen un contacto frecuente y cuando la psicoterapia individual es de orientación interpersonal y examina los sentimientos provocados en las reuniones de grupo en curso.

La psicoterapia individual paralela puede entorpecer la psicoterapia de grupo de varias maneras. Cuando el enfoque del terapeuta individual y el del terapeuta de grupo son marcadamente diferentes, los pacientes pueden confundirse y ambas terapias pueden funcionar en direcciones contrarias. Por ejemplo, un paciente que está sometido a una psicoterapia individual de orientación dinámica, a quien se alienta a asociar libremente y a analizar sus recuerdos y fantasías infantiles, puede desconcertarse y volverse rencoroso si en el grupo no se estimula activamente esa clase de comportamiento, y si se exige una participación personal «aquí-ahora» orientada hacia la realidad.

Y a la inversa, el paciente que está acostumbrado a recibir apoyo y a la gratificación narcisista que ofrece la psicoterapia individual, a analizar fantasías, sueños, asociaciones y recuerdos y a ser el centro exclusivo de atención del terapeuta, puede verse frustrado en un grupo, especialmente en las reuniones iniciales, que a menudo ofrecen un menor apoyo personal y pueden estar más dedicadas a crear una unidad cohesiva y a analizar interacciones inmediatas que a examinar en profundidad la vida de cada uno de los miembros.

La psicoterapia individual y la psicoterapia de grupo también pueden obstaculizarse mutuamente si los pacientes utilizan sus sesiones individuales para expresar un afecto que sería mejor expresar en el grupo. Algunos pacientes dividen activamente las dos formas de psicoterapia y comparan el apoyo que obtienen del terapeuta individual con el desafío y la confrontación que experimentan en el grupo.

Los grupos de apoyo en las clínicas de medicación

La psicoterapia de grupo se utiliza a menudo en las clínicas de medicación, una práctica y humana combinación de tratamientos que va dirigida a aquellas personas que padecen enfermedades psiquiátricas crónicas. Los pacientes que asisten bisemanalmente o mensualmente a las clínicas de medicación, generalmente para recibir recetas de medicación antipsicótica o de litio, participan también en una reunión de grupo asociada con la clínica. Las sesiones están altamente estructuradas y se centran en educar a los pacientes sobre la medicación y en solucionar problemas prácticos. La psicoterapia de grupo se emplea para personalizar, potenciar y reforzar la experiencia del paciente en la clínica de medicación. La eficacia de la psicoterapia de grupo en dichas clínicas de asistencia durante la convalecencia ha sido demostrada repetidamente por la investigación y, de hecho, disponemos de pruebas que confirman que la asistencia de convalecencia que proporcionan los grupos es superior a la asistencia de base individual.[4-6]

REFERENCIAS

1. Yalom, I. D. y Vinogradov, S., «Bereavement groups: techniques and themes», *Int J Group Psychother,* 1988, 38, págs. 419-457.
2. Yalom, I. D., *The Theory and Practice of Group Psychotherapy,* Nueva York,
   Basic Books,[3] 1985.
3. Paulson, I., Burroughs, J. y Gelb C., «Co-therapy: what is the crux of the rela-
   tionship?», *Int J Group Psychother,* 1976, 26, págs. 213-224.
4. Claghorn, J. L., Johnstone, E. E., Cook, T. H. *et al.,* «Group therapy and main-
   tenance treatment of schizophrenia», *Arch Gen Psychiatry,* 1974, 31, pàgs.
   361-365.
5. Alden, A. R., Weddington, W. W., Jacobson, C. *et al.,* «Group after-care for
   chronic schizophrenia», *J Clin Psychiatry,* 1979, 40, págs. 249-252.
6. Linn, M. W., Caffey, E. N., Klett, C. J. *et al.,* «Day treatment and psychotro-
   pic drugs in the aftercare of schizophrenic patients», *Arch Gen Psychiatry,*
   1979, 36, págs. 1055-1066.

CAPÍTULO 4

CREAR UN GRUPO DE PSICOTERAPIA

Tras haber construido los cimientos del grupo de psicoterapia, el terapeuta debe seleccionar y preparar a aquellos pacientes que pueden trabajar para lograr los objetivos del grupo. El terapeuta de grupo también tiene la responsabilidad de crear un entorno o cultura terapéuticos que permita a los nuevos miembros trabajar juntos de un modo seguro y constructivo.

SELECCIONAR LOS PACIENTES Y COMPONER EL GRUPO

Una vez que el terapeuta se ha formado una idea clara de los objetivos y de la estructura básica del grupo –en otras palabras, una idea clara de la tarea de grupo— debe seleccionar miembros que puedan realizar dicha tarea. La selección y preparación de los miembros por parte del líder es extremadamente importante y ejerce una gran influencia en el transcurso global del grupo.

Seleccionar los pacientes

La preocupación primordial del terapeuta a la hora de seleccionar pacientes debe consistir en crear un grupo que forme una unidad. Nada amenaza tanto la cohesión grupal como la presencia de un miembro que presente una conducta extremadamente desviada. Por lo tanto, el líder selecciona miembros que contribuyan a la integridad grupal y que no se comporten en modo alguno de forma desviada. Un grupo de residentes de un hogar de convalecencia o residencia médica que sean esquizofrénicos crónicos no puede formar eficazmente una unidad en presencia de un miembro manipulador *borderline*, del mismo modo que un grupo de alto rendimiento para pacientes externos no puede funcionar bien en presencia de un paciente psicótico crónico, o de un paciente que entre frecuentemente en un estado disociativo.

El criterio de selección más importante en cualquier grupo es la capacidad de realizar la tarea grupal. El estudio de los fracasos de grupos ha revelado que la desviación (la incapacidad para participar en la tarea de grupo o la negativa a hacerlo) está negativamente relacionada con el resultado.[1-2] Un individuo que se considere a sí mismo «fuera del grupo», marginado o insignificante, o a quien el resto de los miembros considere como tal, tiene pocas probabilidades de sacar provecho del grupo y sí una gran probabilidad de obtener un resultado negativo.

En la práctica clínica, el terapeuta no selecciona realmente a los pacientes de un grupo, sino que más bien descarta. Los terapeutas de grupo no tienen en consideración a ciertos pacientes (la mayoría de las veces porque el terapeuta prevé que el paciente asumirá un rol desviado o porque el paciente carece de motivación de cambio) y acepta a los pacientes restantes (cuadro 1). Hay ocasiones en la carrera profesional de un terapeuta –por ejemplo, cuando dirige un grupo obligatorio para pacientes internos o un grupo en un correccional– en que éste ejercerá una influencia mínima sobre la composición del grupo. No obstante, el líder de grupo tiene que estar siempre preparado para ejercer la prerrogativa final del terapeuta, y tiene que excluir a aquellos pacientes que sean marcadamente incompatibles con las normas grupales dominantes que determinan el comportamiento aceptable, y que amenacen la supervivencia del grupo. Los ejemplos incluyen a los pacientes físicamente afectados o a los maníacos. Los pacientes que no toleran el estrés de un escenario de grupo, como los individuos extremadamentes paranoides, y los pacientes absolutamente incompatibles con al menos uno de los miembros, tampoco deberían incluirse en el grupo. El terapeuta tiene en todos estos casos un elevado grado de certeza de que el grupo no será de utilidad para el paciente desviado (y de que incluso puede perjudicarlo), y de que la terapia de los restantes

CUADRO 1. **Selección de los pacientes de la psicoterapia de grupo**

Criterios de inclusión

- Capacidad de realizar la tarea de grupo.
- Motivación para participar en el tratamiento.
- Áreas problemáticas compatibles con los objetivos del grupo.
- Compromiso de asistir a las sesiones de grupo y permanecer durante toda la sesión.

Criterios de exclusión

- Incapacidad de tolerar el escenario de grupo.
- Tendencia a asumir un papel desviado.
- Agitación extrema.
- Disconformidad con las normas grupales de conducta aceptable.
- Grave incompatibilidad con uno o varios de los miembros restantes.

---

pacientes puede verse en peligro. El cuadro 1 resume los criterios básicos de exclusión e inclusión de los miembros del grupo.

Componer el grupo

Supongamos que un terapeuta desea formar un grupo para hijos adultos de alcohólicos y recibe una lista de espera con quince pacientes apropiados que se le remiten. ¿Cómo decidir qué pacientes funcionarán bien juntos? De nuevo, el terapeuta debe preocuparse de la integridad del grupo físico. Deben elegirse aquellos miembros que se comprometan con los objetivos de la terapia y que puedan permanecer en el grupo.

El concepto clave para la composición del grupo es su cohesión. Una regla empírica, eficaz y aproximada para los grupos de larga duración de pacientes externos es la siguiente: homogeneidad de fuerzas subjetivas, heterogeneidad de las áreas problemáticas.[3] La heterodoxia de estilos de personalidad, de edad y de áreas problemáticas, enriquece el caldo de cultivo de la subsiguiente interacción grupal. Por ejemplo, en un grupo de orientación interactiva para pacientes externos, miembros que presenten una gama de orígenes y dolencias diferentes (digamos, un hombre joven que tenga problemas con el éxito y la autoridad, una mujer de mediana edad que luche por conseguir la independencia emocional, o una mujer joven que intente salir de su aislamiento social) formarán un grupo con muchas vías potenciales de exploración interpersonal. Y, sin embargo, cada miembro debe poseer la suficiente fuerza subjetiva para tolerar la experiencia cognitiva y afectiva que supone examinar las interacciones «aquí-ahora» que tienen lugar en el grupo.

La situación es diferente en un grupo especializado, en el que los pacientes son homogéneos dentro de un área problemática importante (ya sea un trastorno alimenticio, duelo o dolor crónico, etc.), aunque pueden ser bastante heterogéneos en función de la fuerza subjetiva. No obstante, siempre que sea posible, el terapeuta del grupo homogéneo de especialidad debe tener como objetivo conseguir niveles similares de motivación y de orientación psicológica a la hora de componer un grupo homogéneo de terapia. Tener uno o dos miembros que se estén recuperando de una reciente psicosis producida por la cocaína, que sean frágiles y eviten el trabajo, impide la labor de un grupo para adictos que trabaje a un ritmo rápido y esté altamente motivado. Del mismo modo, un tranquilo grupo de pacientes psiquiátricos crónicos puede desestabilizarse si un individuo físicamente afectado o maníaco les exige demasiado con excesiva rapidez.

La gama de miembros

Los líderes del grupo pueden desear una gama amplia y equilibrada de miembros, por ejemplo un grupo con igual número de hombres y mujeres, o con una amplia gama de edades, o con niveles variados de actividad interpersonal. Con cierta clase de grupos, equilibrar la composición siguiendo estos parámetros básicos influye en la formación inicial de un grupo y/o en los temas que afloran en la discusión. La presencia de viudos en los grupos de duelo, por ejemplo, cambia enormemente el ritmo y el énfasis de las interacciones grupales en comparación con las reuniones de aquellos grupos exclusivamente formados por viudas.[4]

Algunos grupos requieren una forma más sutil de equilibrar su composición. Un grupo de apoyo para estudiantes femeninas de ciencias empresariales estará formado, necesariamente, por miembros que compartan el mismo sexo, el mismo abanico general de edad, y los mismos intereses profesionales. Sin embargo, la composición grupal puede beneficiarse mucho del equilibrio de los estilos de personalidad y de los niveles de actividad. La presencia de uno o dos individuos gregarios proporciona a menudo la chispa que pone en marcha a un grupo homogéneo. Aspirar a una composición equilibrada entre dichos miembros y los participantes más reflexivos contribuye mucho a mantener un alto nivel de estimulación en el grupo.

Excluir de un grupo a los pacientes incompatibles

El líder que está seleccionando pacientes y componiendo un grupo de terapia debe aprender a descubrir de antemano aquellos candidatos que corren el riesgo de convertirse en miembros que demuestren una conducta desviada. Una razón de que esta importante tarea sea tan difícil es que, a partir de la información disponible durante el proceso de investigación de antecedentes, no siempre resulta posible pronosticar el comportamiento subsiguiente en el grupo. No hay ninguna información tan importante como el relato de la experiencia grupal previa del candidato. El candidato que haya fracasado anteriormente en la terapia de grupo; que se muestre hostil ante la idea de trabajar en grupo; que carezca de habilidades sociales, de orientación psicológica o del período de atención necesarios para participar en la tarea de grupo; o que tenga expectativas poco realistas, probablemente saboteará las primeras tentativas del grupo para formar una unidad (cuadro 2).

Para formar un grupo de orientación interactiva, el terapeuta debe utilizar una o dos entrevistas de admisión con el fin de centrarse en el rendimiento interpersonal del candidato: el rendimiento interpersonal en el pasado, en el presente y durante la propia entrevista. El terapeuta debe evaluar la capa-

CUADRO 2. **Reconocer al paciente incompatible en la psicoterapia de grupo**

Fracaso previo en la terapia de grupo
Es hostil a la idea del trabajo de grupo
Utiliza el grupo para buscar contactos sociales
Tiene expectativas poco realistas sobre el resultado del tratamiento
Demuestra una conducta maníaca, agitada o paranoide
Es incapaz de participar en la tarea de grupo

---

cidad del paciente para tolerar diversas clases de interacciones interpersonales y para reflexionar sobre ellas. Las preguntas adecuadas incluyen las siguientes: «¿Cómo le ha parecido la entrevista de admisión hasta ahora? ¿Hubo alguna parte que lo hiciera sentirse incómodo? ¿Qué sintió al tener que revelar cosas sobre sí mismo a un extraño?». El candidato que sea incapaz de contestar a esta clase de preguntas, o que ni siquiera comprenda su significado, será rápidamente excluido de las interacciones interpersonales del grupo. Un individuo de esta clase impedirá el trabajo de cualquier grupo que haga uso del aprendizaje interpersonal.

PREPARAR A LOS PACIENTES PARA LA PSICOTERAPIA DE GRUPO

Una de las tareas esenciales del terapeuta de grupo consiste en preparar a los pacientes para formar parte del grupo. La preparación pregrupal reduce el número de abandonos, incrementa la cohesión y acelera el trabajo terapéutico.[5-6] La preparación concienzuda del paciente ayuda a preparar a los miembros para empezar a abordar la tarea de grupo. Ello, a su vez, afecta a la primera fase del trabajo del líder a medida que éste empieza a crear la cultura terapéutica y a conducir a un grupo inexperto hacia sus objetivos.

Finalidad de la preparación pregrupal

Una gran cantidad de pacientes se hacen una idea falsa sobre el valor y la eficacia de la terapia de grupo. Tienen la impresión de que se trata de una psicoterapia superficial o diluida y que, por lo tanto, tiene menos valor que la terapia individual. Estas expectativas negativas deben abordarse abiertamente y deben corregirse con objeto de hacer que el paciente participe plenamente en el tratamiento. Otros pacientes expresan preocupación sobre el procedimiento y el proceso: ¿cuál será el tamaño del grupo, el tipo de miembros, la cantidad de enfrentamiento negativo, la confidencialidad?

Uno de los temores omnipresentes es la expectativa de tener que autorrevelarse y confesar transgresiones vergonzosas ante un público formado por extraños hostiles. El terapeuta debe aliviar este temor haciendo hincapié en la naturaleza segura y de apoyo del grupo. Otra de las preocupaciones más corrientes es el temor al contagio mental, a empeorar por culpa del contacto con otros pacientes psiquiátricos. Esta preocupación la sienten a menudo los pacientes esquizofrénicos o fronterizos, aunque también podemos observarla en los pacientes que proyectan sus propios sentimientos de autodesprecio u hostilidad hacia los demás.

Un enfoque cognitivo de la preparación para la terapia de grupo tiene varios objetivos:

1. Proporcionar al paciente una explicación racional sobre el proceso de la terapia de grupo.

2. Describir qué tipo de comportamiento se espera de los pacientes en el grupo.

3. Establecer un contrato de asistencia.

4. Aumentar las expectativas sobre los efectos del grupo.

5. Prever algunos de los problemas, el desaliento y la frustración que pueden encontrarse en las primeras reuniones (cuadro 3).

El terapeuta dice que en todo ello subyace un proceso de desmitificación y el establecimiento de una alianza terapéutica. Esta preparación exhaustiva capacita al paciente para tomar la decisión informada de entrar a formar parte del grupo y aumenta el compromiso con éste incluso antes de la primera sesión.

El procedimiento de la preparación pregrupal

Se debe informar a todos los pacientes que participan en la terapia de grupo –sin tener en cuenta su situación clínica o su nivel de rendimiento–, sobre el horario, la ubicación, la composición, el procedimiento y los objetivos del grupo. En algunos contextos, como una unidad de pacientes internos o un grupo de una clínica de medicación, la preparación para la terapia de grupo es mínima, y generalmente se lleva a cabo en cinco o diez minutos. Ello no significa que carezca de importancia o que pueda destruirse, ya que incluso esta breve preparación orientará a los pacientes sobre la experiencia grupal y proporcionará pautas sobre la utilización óptima del grupo.

Para la mayoría de los grupos de pacientes externos, la mejor forma de realizar la preparación es durante un período de 30 a 45 minutos, en una o dos sesiones individuales que el líder mantiene con los pacientes antes del inicio. Se trata a menudo de sesiones de admisión o de inclusión-exclusión. Una vez que el terapeuta ha decidido, en el transcurso de estas sesiones, que el paciente es un candidato apropiado para la terapia de grupo, procede a preparar al paciente para la experiencia grupal.

CUADRO 3. **Preparar a los pacientes para la psicoterapia de grupo**

Finalidad de la preparación pregrupal

- Explicar los principios de la terapia de grupo.
- Describir las normas de la conducta adecuada en el grupo.
- Establecer un contrato sobre la asistencia regular.
- Aumentar las expectativas sobre la utilidad del grupo.
- Prever problemas iniciales y minimizar su impacto.

Procedimiento de la preparación pregrupal

- Ocurre durante los primeros 5-10 minutos de cada sesión en los grupos de pacientes internos; durante los 30-35 minutos de la entrevista de admisión para los grupos de pacientes externos.
- Orienta a los pacientes sobre el horario, ubicación, composición y objetivos del grupo.
- Describe una sesión grupal típica en términos claros, concretos y de apoyo.
- Establece un acuerdo sobre la asistencia y la conducta apropiada en el grupo.
- Si se trata de un grupo en curso, proporciona la descripción de acontecimientos recientes que han tenido lugar en el grupo (por ejemplo, resúmenes escritos).
- Advierte de los problemas iniciales más corrientes (sensación de exclusión, desánimo por la falta de cambio rápido, frustración por no ser siempre capaz de hablar).

Los pacientes sienten una gran ansiedad primaria, y los terapeutas deben evitar añadir la ansiedad secundaria que surge cuando el paciente es lanzado a una situación ambigua e intrínsecamente amenazadora. Por lo tanto, la meta fundamental de la preparación pregrupal consiste en describir el grupo en términos claros, concretos y de apoyo. Con ello se proporciona a los pacientes una estructura cognitiva que, desde un principio, les permite participar de forma más eficaz en el grupo. Si se utilizan resúmenes escritos en el grupo, el terapeuta puede proporcionar a los nuevos pacientes varios resúmenes de reuniones recientes con el fin de que se familiaricen con los nombres de los restantes miembros y con los temas actuales que se discuten en el grupo.

CREAR LA CULTURA DEL GRUPO

Siempre que se reúne a un grupo de personas, ya sea en un contexto profesional, social o incluso familiar, se desarrolla una cultura, un conjunto de reglas o normas no escritas que determinan el procedimiento conductual aceptable del grupo. El líder debe crear en la terapia de grupo una cultura grupal en la que se produzcan interacciones enérgicas, sinceras y eficaces. No es probable que un grupo de terapia desarrolle una cultura terapéutica por su propia cuenta, y el líder debe dedicar una atención considerable a esta empresa.

¿Cómo se configuran las reglas?

Las normas que se elaboran durante la fase inicial del grupo gozan de una duración considerable y están determinadas tanto por las expectativas de los miembros del grupo en sus inicios como por el comportamiento del terapeuta en su primer período. El terapeuta influye activamente en el proceso de fijación de normas de dos modos diferentes: explícitamente (al prescribir reglas y por medio del refuerzo conductual) e implícitamente (por medio de la fijación de un modelo).

Inicialmente, el líder –durante la preparación de los pacientes para la participación en la terapia de grupo o durante las sesiones iniciales– prescribe explícitamente las reglas del comportamiento adecuado en el seno del grupo, como por ejemplo compartir la preocupación por la imagen corporal en un grupo de pacientes que sufren trastornos alimenticios. Una vez que el grupo se pone en marcha, los líderes pasan a configurar las reglas de un modo más sutil, por ejemplo, recompensando una conducta deseable por medio del refuerzo social. Si uno de los miembros, generalmente tímido, empieza a participar, o si los miembros comienzan a ofrecerse mutuamente un *feedback* sincero y espontáneo, este nuevo comportamiento se recompensa, verbalmente o no, por medio de cambios en el lenguaje corporal, el contacto ocular y la expresión facial del terapeuta.

El terapeuta también configura implícitamente las normas terapéuticas del grupo fijando modelos. Por ejemplo, en un grupo de terapia para pacientes internos graves, el líder modela la aceptación y apreciación no sentenciosa de los puntos fuertes, así como de las áreas problemáticas de los miembros. En un grupo organizado para el entrenamiento en habilidades sociales de pacientes esquizofrénicos el líder puede decidir modelar un estilo de conversación simple, directo y socialmente gratificante. Sin importar el nivel y rendimiento del grupo, un líder eficaz da ejemplo de sinceridad y espontaneidad interpersonal a los miembros de su grupo. Pero la sinceridad del terapeuta siempre se produce sobre un trasfondo de responsabilidad: nada es más importante que el objetivo de ser útil a los pacientes (véase el apartado que trata la transparencia del terapeuta).

Normas generales del procedimiento de grupo

El líder debe determinar activamente las normas generales del procedimiento grupal en los inicios. El formato más terapéutico de procedimiento grupal es aquel que no está estructurado ni ensayado, sino que se desarrolla libremente. Incluso en grupos especializados, que siguen un protocolo u orden del día específicos, tales como los grupos educativos para pacientes que han sufrido un infarto de miocardio, el terapeuta debe ayudar a los miembros a interactuar espontánea y sinceramente. Puede que el líder necesite intervenir enérgicamente para prevenir el desarrollo de un procedimiento no terapéutico, por ejemplo, un formato de turnos en el que los miembros «hagan cola» –en sentido figurado– para presentar problemas específicos o crisis vitales. En un caso de este tipo, el terapeuta puede interrumpir y preguntar cómo se ha iniciado el proceso de turnos y qué efecto tiene sobre el grupo. También puede indicar que el grupo tiene la posibilidad de elegir entre muchas otras opciones de procedimiento.

El terapeuta también tiene que ocuparse de los límites temporales del grupo y transmitir la sensación de que el tiempo de éste es muy valioso (cuadro 4). Iniciar y finalizar la sesión puntualmente, hacer que los miembros permanezcan en la sala durante toda la reunión, advertir al grupo de próximas ausencias y discutir abiertamente la tardanza o las reuniones a las que han faltado los miembros contribuye a la cohesión grupal e influye en el proceso terapéutico durante la fase inicial de la existencia del grupo.

CUADRO 4. **Mantener los límites temporales del grupo de psicoterapia**

El terapeuta debe:
• Garantizar que las reuniones de grupo tengan lugar en intervalos regulares y programados.
• Iniciar y finalizar cada reunión puntualmente.
• Pedir que los miembros lleguen con puntualidad y permanezcan en la sala de reunión durante toda la sesión.
• Advertir al grupo de próximas ausencias o cambios de programa.
• Discutir abiertamente la tardanza o las sesiones a las que se ha faltado.
• Propocionar continuidad entre las sesiones recordando discusiones previas, advirtiendo cómo han cambiado los miembros a lo largo del tiempo, observando interacciones nuevas y diferentes en el grupo.

El grupo que se autocontrola

Un grupo que se autocontrola aprende a asumir la responsabilidad de su propio rendimiento, una norma que debería fomentarse en todo grupo de terapia. Cualquier terapeuta que haya trabajado alguna vez con un grupo en el que los miembros dependen totalmente de la dirección del líder, conoce de primera mano los signos que caracterizan a un grupo pasivo. Los pacientes forman un público que va a ver una obra, y que espera a que el líder levante el telón y empiece la acción. La reunión resulta falsa, pesada y forzada. Tras cada sesión, el líder se siente fatigado e irritado, debido a la carga que representa tener que conseguir que todo funcione.

¿Cómo puede el terapeuta crear una cultura que propicie el desarrollo de un grupo que se autocontrole? Hay que tener en cuenta que, al principio, sólo el líder conoce la definición de una sesión productiva en la que ha tenido lugar un buen trabajo. Incluso en un grupo especializado muy estructurado, queda espacio para la autonomía y espontaneidad de los pacientes. En el inicio mismo del grupo, el terapeuta debe empezar a compartir esos conocimientos con los pacientes y a educarlos lentamente para que reconozcan una buena sesión: «La reunión de hoy ha sido muy animada y todo el mundo ha participado mucho. Siento que haya terminado». La función de evaluación puede entonces transferirse a los pacientes: «¿Qué tal va el grupo hasta ahora? ¿Cuál ha sido la parte más satisfactoria?». Por último, se puede enseñar a los miembros que ellos tienen la capacidad de influir en el curso de una sesión: «Hoy hemos seguido un ritmo lento. ¿Qué podemos hacer para cambiarlo?».

Autorrevelación

Los pacientes sólo se beneficiarán de la terapia de grupo si revelan una gran parte de sí mismos. La pauta inicial más útil que puede ofrecerse a los pacientes es que la autorrevelación debe tener lugar, pero siguiendo el ritmo de cada paciente y de una manera en que ellos se sientan seguros y apoyados. El terapeuta hace estas observaciones explícitamente durante las reuniones individuales de preparación pregrupal y las sigue activamente durante la fase inicial de creación de la cultura grupal. Por ejemplo, durante la primera autorrevelación de uno de los miembros, el terapeuta realiza diplomáticamente frecuentes controles para ver en qué momento aquél desea detenerse.

Nunca se debe castigar a un paciente por hacer revelaciones sobre sí mismo. Uno de los sucesos más destructivos que puede ocurrir en un grupo es que los miembros utilicen material delicado y personal, que se ha revelado en el seno del grupo, para atacarse mutuamente en un momento conflictivo. Por ejemplo, cuando Bill, un miembro joven y agresivo del grupo, se enfada con Sue por no haberse puesto de su parte durante una discusión, puede enfurecerse y acusarla de ser «básicamente una persona desleal. Después de todo, incluso nos has contado que tuviste un lío al margen de tu matrimonio». El terapeuta debe intervenir enérgicamente en este punto. No se trata sólo de un golpe bajo, sino que socava normas importantes del grupo que atañen a la cohesión, la seguridad y la confianza. Se debe suspender temporalmente cualquier otro trabajo que se esté realizando en el grupo, con objeto de que el incidente se entienda y se subraye como una violación de la confianza. De un modo u otro, el terapeuta debe reforzar la norma que dice que la autorrevelación no sólo es importante, sino también segura.

La autorrevelación es siempre un acto interpersonal, y las consecuencias de este hecho deben asimismo llegar a formar parte de la cultura terapéutica del grupo. Lo importante no es el hecho de compartir un secreto, o el desahogo, sino que uno revele algo relevante para las relaciones que se mantienen con los otros miembros. El terapeuta debe estar preparado para señalar que la revelación desemboca en una relación más compleja, profunda y rica con los restantes miembros del grupo. Cuando un paciente despectivo y altanero admite que siempre se ha sentido física y mentalmente inferior a los demás, ello permite a los demás miembros comprenderlo mejor, sentirse más cerca de él, así como mostrarse más afectuosos. A su vez, el paciente puede abandonar su pose de superioridad en el seno del grupo.

Los miembros como agentes de ayuda y apoyo

La cohesión grupal aumenta cuando los miembros llegan a reconocer que es una rica mina de información y apoyo interpersonal. El terapeuta debe reforzar continuamente la noción de que el grupo funciona de manera óptima cuando cada miembro se considera como un agente potencial de ayuda y apoyo para los demás. En ocasiones, ¡el líder puede tener que renunciar a su rol de fuente de sabiduría y conocimientos, o de árbitro final en las cuestiones grupales!

Por ejemplo, supongamos que uno de los miembros expresa curiosidad sobre su costumbre de contar largas e intrincadas anécdotas. Antes que presentar una respuesta de experto, el terapeuta le dice al paciente que cualquier información que él desee obtener sobre su comportamiento está presente en la sala y sólo hay que saber utilizarla correctamente. O, si uno de los miembros ha estado recibiendo *feedback* sobre su actitud dominante y amenazadora en el seno del grupo, el líder puede continuar formulando la pregunta: «Isabel, ¿podrías reflexionar sobre los últimos 45 minutos? ¿Qué comentarios te han ayudado más? y ¿cuáles menos?».

El grupo funciona de manera óptima si los miembros aprecian la valiosa información que pueden ofrecerse unos a otros. Para reforzar esta norma, el terapeuta llama la atención sobre aquellos incidentes que muestran la ayuda o apoyo que se han ofrecido los miembros del grupo en momentos de crisis o necesidad. El terapeuta también enseña explícitamente a los miembros cómo pueden ayudarse mutuamente de forma más eficaz. Por ejemplo, después de que un paciente ha estado trabajando con el grupo sobre alguna cuestión durante un largo tramo de la reunión, el terapeuta observa: «Vince, creo que Anita y Frank te han ofrecido ciertos *insights* verdaderamente útiles sobre tu depresión. Parece que sus comentarios te han resultado de mayor utilidad cuando eran muy específicos y te ofrecían alternativas».

Continuidad entre las reuniones

La cultura terapéutica ideal es aquella en la cual los pacientes otorgan gran valor a su grupo de terapia. La continuidad entre las reuniones es un medio de lograr ese fin. Las sesiones grupales adquieren un mayor peso y valor si, en vez de ser una serie de acontecimientos estáticos e inconexos, forman parte de un proceso en curso que se está desarrollando. Por lo general, esta continuidad sólo es posible en grupos de pacientes externos de alto rendimiento, o en ciertos grupos de apoyo especializados y muy densos (tales como los grupos de duelo). No obstante, independientemente de cuáles sean el escenario grupal o sus limitaciones clínicas, el terapeuta debe reforzar, de cualquier modo que le sea posible, cualquier tipo de continuidad existente entre las reuniones.

Los terapeutas pueden empezar a resaltar la continuidad compartiendo lo que han pensado sobre el grupo en los intervalos existentes entre las sesiones. Los líderes de grupo también pueden reforzar a los miembros cuando éstos ofrecen un testimonio acerca de la utilidad que para ellos tiene el grupo en su vida exterior actual, o cuando indican que han pensado en otros miembros del grupo durante la semana.

Un segundo paso consiste en subrayar la continuidad de las preocupaciones e interacciones del grupo a medida que discurren de una reunión a otra. Un grupo que funciona bien seguirá trabajando sobre las cuestiones de una reunión a otra, pero otros deberán verse animados a reflexionar sobre los temas que llenan todas las sesiones (y que contribuyen a la creación del microcosmos social de cada uno de los miembros del grupo).

Más que ninguna otra persona, el terapeuta es el aglutinante temporal del grupo, establece conexiones entre los acontecimientos y coloca las experiencias en la matriz temporal del grupo. «Esto es muy parecido a aquello sobre lo que trabajó John hace dos semanas.» O: «Ellen, me he dado cuenta de que, desde que tú y Judy tuvisteis aquel roce hace tres semanas, pareces más deprimida y retraída. ¿Qué sentimientos tienes ahora hacia Judy?». Si el líder inicia alguna vez una de las reuniones grupales, únicamente debería hacerlo para proporcionar continuidad entre las reuniones. «¡La última reunión fue muy intensa! Me pregunto qué sentimientos sobre el grupo os llevasteis a casa.» (Una excepción a esta circunstancia se produce en los grupos de pacientes internos, en los que el líder del grupo inicia rutinariamente la reunión. Véase el capítulo 7.)

REFERENCIAS

1. Yalom, I. D., «A study of group therapy dropouts», *Arch Gen Psychiatry,* 1966, 14, págs. 393-414.
2. Connelly, J. L., Piper, W. E. y DeCarufel, F. L., «Premature Termination in group psychotherapy: pretreatment and early treatment predictors», *Int J Group Psychother,* 1986, 36, págs. 145-152.
3. Whitaker, D. S. y Lieberman, M. A. L., *Psychotherapy Through the Group Process,* Nueva York, Atherton Press, 1964.
4. Yalom, I. D. y Vinogradov, S., «Bereavement groups: techniques and themes», *Int J Group Psychother,* 1988, 38, págs. 419-457.
5. Piper, W., Debbane, E., Bienvenu, J. *et al.,* «Preparation of patients: a study of group pretraining for group psychotherapy», *Int J Group Psychother,* 1982, 32, págs. 309-325.
6. Yalom, I. D., *The Theory and Practice of Group Psychotherapy,* Nueva York, Basic Books,[3] 1985.

CAPÍTULO 5

RESOLVER PROBLEMAS CORRIENTES
EN LA PSICOTERAPIA DE GRUPO

El trabajo de terapia se inicia una vez que un grupo se ha formado y ha alcanzado la estabilidad. Los principales factores terapéuticos –cohesión, altruismo, catarsis, aprendizaje interpersonal– operan con creciente fuerza y eficacia, y las subsiguientes riqueza y complejidad de las sesiones de grupo son ilimitadas. Por lo tanto, no resulta posible ofrecer pautas específicas que sirvan de orientación a través del intrincado laberinto de situaciones y temas que encuentra el terapeuta en una serie de sesiones de grupo. Pero, sin embargo, ciertas preocupaciones comunes se producen con la suficiente frecuencia en todos los grupos como para justificar una mención específica: éstas incluyen los problemas de composición del grupo, la formación de subgrupos, el conflicto y el tratamiento de los pacientes problemáticos.

PROBLEMAS DE COMPOSICIÓN

Los problemas de la composición del grupo afectan intensamente a la secuencia inicial de desarrollo y a la potencia del grupo de terapia. El cambio de miembros, el retraso y la ausencia son realidades de todos los grupos, que, desgraciadamente, amenazan la estabilidad y la integridad del grupo. Con frecuencia, a los terapeutas les resulta difícil enfrentarse a estos temas porque acaso teman que una posición firme amenazará o ahuyentará definitivamente a los pacientes que se muestran ambivalentes ante el grupo. Cuando el terapeuta hace caso omiso de los problemas de composición grupal, contribuye a reducir la cohesión grupal.

Absentismo

El absentismo reconduce la atención y la energía de un grupo primerizo para pacientes externos, desde las importantes tareas iniciales de desarrollo hasta el problema de mantener la composición. Es un problema agotador y desmoralizador, tanto para los miembros del grupo como para los terapeutas. Los miembros cuestionan el valor del grupo; los terapeutas tienen la impresión de que la supervivencia del grupo está amenazada, pero deben abordar estas cuestiones con los pacientes que están presentes, y no con los miembros ausentes, que son los transgresores. El absentismo rompe asimismo la continuidad entre las reuniones y hace perder mucho tiempo en el resumen de los acontecimientos para los pacientes que no han asistido a las sesiones previas.

El terapeuta, a menudo, se siente obligado a arreglar la situación, y, en un desesperado esfuerzo por mantener una composición grupal estable, puede adoptar una postura especialmente indulgente o seductora con el paciente que demuestra una conducta absentista. Ello no sólo refuerza la patología interpersonal del paciente, sino que prepara el escenario para que se produzcan acusaciones de favoritismo por parte de los restantes miembros del grupo.

Sea cual sea el encuadre grupal, se ha de mostrar desaprobación ante la tardanza y la asistencia irregular, si es que éstas no se prohíben específicamente. Cuando se producen repetidamente en la fase inicial del grupo, se deben corregir inmediatamente por medio de un simple decreto del líder: una composición regular es absolutamente crucial para la supervivencia del grupo en la fase inicial. En un período posterior del grupo se pueden interpretar abiertamente la tardanza o la asistencia irregular a la luz de las interacciones del grupo. Siempre que no se pueda mejorar la situación, y si el absentismo sigue perjudicando el desarrollo normal, el terapeuta debe eliminar del grupo al miembro transgresor.

La situación en los grupos de pacientes internos es radicalmente diferente. Aquí, el continuo cambio de los miembros del grupo afecta poderosamente a la cohesión del escenario, pero no se debe a fenómenos que puedan interpretarse en función de la resistencia o de la patología interpersonal. El terapeuta debe adoptar técnicas especiales con los grupos de pacientes internos, a fin de reducir al mínimo los efectos perturbadores que ocasiona una composición grupal variable. El problema del absentismo se puede evitar, en parte, reorganizando la existencia del grupo para que se reduzca a una única sesión.

Abandonos

En el curso normal de un grupo de terapia para pacientes externos a largo plazo, del 10 al 35% de los miembros abandonan entre las primeras 12 y 20 sesiones.[1-2] Los abandonos son muy comunes en todo tipo de grupo, y generalmente afectan a aquellos pacientes que deciden marcharse tras descubrir que no pueden o no quieren realizar la tarea grupal. En un grupo de composición abierta, el terapeuta mantiene estable el tamaño del grupo al reeemplazar por nuevos miembros los miembros que abandonan.

Los abandonos ponen en peligro la estabilidad grupal debido a varias razones:

1. Malgastan tiempo y energía, pues los terapeutas y los restantes miembros intentan evitar que los demás se vayan.

2. Impiden el buen desarrollo de la cohesión al amenazar la estabilidad del grupo.

3. Restan valor al grupo implícita y (a veces) explícitamente.

Los abandonos también amenazan al líder, especialmente al neófito, y, sin darse cuenta, el terapeuta puede engañar o seducir a los pacientes al intentar mantenerlos dentro del grupo. Con el tiempo, esta actitud deviene antiterapéutica para el grupo.

Cuando un paciente está firmemente convencido de su deseo de abandonar el grupo, o cuando, a pesar de los intentos del terapeuta de conseguir que el paciente participe en el grupo, el comportamiento de éste perturba el avance, el líder debe ayudar al paciente a irse rápida y decididamente. El terapeuta contrae su principal responsabilidad con el grupo en su totalidad, y, aunque el líder puede decidir remitir a los miembros que abandonan el grupo a otra forma de tratamiento, su principal tarea consiste en ayudar a los miembros que permanecen en el grupo a sentir que éste es una fuente valorada y estable de apoyo y terapia. El terapeuta puede hacerlo situando diplomáticamente en su contexto al miembro que abandona el grupo («Mary tenía la impresión de que nuestro grupo de duelo hacía surgir en su interior demasiados recuerdos dolorosos») y poniendo fin al incidente. Esto lo consigue, por lo general, haciendo que el miembro que abandona el grupo pase parte de su última sesión despidiéndose del grupo.

Una vigorosa preparación previa a la terapia reduce el índice de abandonos.[3] Si se prevén de antemano los problemas generales y la frustración que surgen en la fase inicial del grupo, será menos probable que se hagan realidad.

Eliminar pacientes del grupo

El paciente cuyo comportamiento perturba el desarrollo del grupo continuamente e impide el procedimiento grupal plantea un problema significativo al terapeuta. Dicho paciente –que no trabaja eficazmente en el grupo a pesar de todos los esfuerzos del líder– experimentará uno de varios resultados negativos posibles (véase cuadro 1).[4]

El terapeuta debe hacer todo lo que esté en sus manos para cambiar la conducta de un paciente problemático y para conseguir que se convierta en un miembro integrado del grupo. Cuando fracasan todos sus intentos, el terapeuta debe eliminar al paciente rápida y compasivamente del grupo. La manera más eficaz de hacerlo es durante una entrevista individual de salida, durante la cual el terapeuta intenta presentar métodos alternativos que expliquen la experiencia fracasada del grupo (como la falta de buena disposición o la mala integración en el grupo). Esta entrevista final también es útil para aquel paciente que decide abandonar el grupo por sí mismo.

CUADRO 1. **Consecuencias y resultados que provoca un paciente que perturba el desarrollo del grupo en la psicoterapia de grupo**

Efectos sobre el grupo:
- Amenaza la cohesión grupal.
- Desmoraliza a otros miembros.
- Aumenta la ansiedad e inhibe la participación.
- Perturba el proceso normal de maduración del grupo.

Resultados para el paciente perturbador:
- Aumenta la sensación de aislamiento interpersonal del paciente.
- Obliga al paciente a adoptar un rol desviado.
- Reduce la motivación para participar en el tratamiento.
- Prolonga la patología interpersonal del paciente.

Cuando un líder elimina a un paciente del grupo (a diferencia de cuando un paciente simplemente abandona) se produce una fuerte reacción en los restantes miembros. Al alivio inicial sigue un profundo nivel de ansiedad, proveniente de un sentimiento de abandono y rechazo. El terapeuta debe ayudar a los miembros del grupo a interpretar ese acontecimiento de un modo más realista y constructivo: no se estaba beneficiando ni al paciente ni al grupo, con lo cual el paciente que se ha marchado seguro que sacará más provecho de otra forma de terapia. El líder calma la ansiedad del grupo al seguir responsabilizándose del miembro que lo abandona, recomendando una forma alternativa de psicoterapia o remitiendo al paciente a otros terapeutas.

Eliminar a un paciente del grupo es un acto poco corriente y difícil, pero es un paso terapéutico extremadamente importante cuando un paciente perturbador sabotea claramente el trabajo de grupo. La necesidad de eliminar a un paciente del grupo se minimiza a través de una selección (y exclusión) cuidadosa de los candidatos para la terapia de grupo.

Añadir nuevos miembros

Siempre que, en los grupos de pacientes externos, el total de miembros sea demasiado bajo (generalmente cinco o menos de cinco), el terapeuta debe introducir nuevos participantes. Esto puede ocurrir en cualquier momento durante la vida del grupo, pero, a lo largo de la existencia de los grupos para pacientes externos a largo plazo, siempre hay coyunturas más apropiadas que otras. La primera se produce entre las doce y veinte reuniones iniciales, para reemplazar a los miembros que abandonan. La segunda tiene lugar, aproximadamente, entre los doce y dieciocho meses para sustituir a los miembros que experimentan una mejoría y finalizan la terapia de grupo.

Escoger el momento para añadir un nuevo miembro

El éxito de la introducción de nuevos miembros depende en gran medida de escoger el momento adecuado. Los miembros del grupo no acogen ni asimilan fácilmente a nuevos miembros si el grupo se encuentra en crisis, o si está implicado activamente en una lucha intestina, o si ha entrado de repente en una nueva fase de mayor cohesión: por ejemplo, un grupo que se ocupa por primera vez de sentimientos hostiles hacia un paciente controlador y egocéntrico; o un grupo que ha desarrollado recientemente tal cohesión y confianza que uno de los miembros ha compartido, por primera vez, un secreto extremadamente importante sobre incesto infantil.

Si un grupo funciona bien, algunos terapeutas suelen posponer la incorporación de nuevos miembros, incluso aunque el grupo haya quedado reducido a cuatro o cinco integrantes. Pero, en general, es más prudente no retrasar la búsqueda de nuevos miembros, y empezar a investigar inmediatamente los antecedentes de los eventuales candidatos. Un grupo constituido por tan sólo cuatro o cinco miembros carece de la suficiente masa crítica como para que se lleven a cabo interacciones eficaces, y acaba por estancarse.

El período más adecuado para añadir nuevos pacientes se produce cuando los miembros sienten la necesidad de recibir nuevos estímulos. En ocasiones, los miembros más experimentados animan activamente al terapeuta a que incorpore gente nueva al grupo. El recién llegado sirve de nuevo estímulo interpersonal y puede dar vida a un grupo que haya empezado a hacerse repetitivo.

Preparar nuevos miembros

Los pacientes que entran en un grupo en funcionamiento requieren no sólo la preparación estándar para la terapia de grupo, sino también una preparación específica que los ayude a ocuparse del excepcional estrés que acompaña a la inclusión en un grupo establecido. Los nuevos pacientes que se unen a un grupo establecido se sienten intimidados debido a la complejidad, sinceridad, fluidez interpersonal y atrevimiento de los miembros más experimentados. También pueden asustarse o temer el contagio, dado que se los enfrenta inmediatamente con miembros que revelan abiertamente lados más vulnerables o «enfermos» que los que suelen revelarse en las primeras reuniones de un nuevo grupo. El terapeuta debe prever los sentimientos de desconcierto y exclusión que experimentarán los pacientes al penetrar en una cultura extraña, y les debe asegurar que les estará permitido entrar y participar en el grupo siguiendo su propio ritmo.

También resulta útil describir los sucesos más importantes de las últimas reuniones a un paciente entrante, especialmente si el grupo ha pasado por algún problema particularmente intenso o ha discutido cuestiones especialmente delicadas. Si el terapeuta emplea la técnica de los resúmenes escritos, se deben entregar copias de los resúmenes de las últimas reuniones al nuevo miembro antes de que éste entre a formar parte del grupo.

Hacer participar al nuevo paciente

En las primeras sesiones, se debe animar abierta y delicadamente al nuevo paciente a participar. En los grupos maduros, serán uno o varios de los miembros más experimentados quienes tomen esta iniciativa, pero en ocasiones esta tarea recaerá sobre el líder del grupo. Frecuentemente, basta con averiguar cómo se ha enfrentado a la reunión el recién llegado: «Mark, ésta ha sido tu primera sesión. ¿Qué te ha parecido la reunión? ¿Te parece que será difícil entrar a formar parte del grupo?».

El terapeuta debe ayudar al nuevo paciente a conseguir más control sobre su participación. Por ejemplo: «Shirley, antes se te hicieron varias preguntas. ¿Cómo te sentiste? ¿Te sentiste bien recibida o demasiado presionada?». O bien: «Bob, me he dado cuenta de que hoy has estado silencioso. El grupo se ha ocupado de algo que quedaba pendiente de reuniones anteriores en las que tú no estuviste presente. ¿Cómo te has sentido? ¿Aliviado? ¿O te hubiese gustado que se te dirigieran algunas preguntas?».

Otras consideraciones terapéuticas

El número de pacientes nuevos que se introducen en un grupo influye claramente en el ritmo de absorción. Un grupo formado por seis o siete personas puede absorber un nuevo miembro sin apenas inmutarse. El grupo continúa con su trabajo tras una breve pausa y rápidamente arrastra al nuevo miembro en la corriente de interacciones.

Por el contrario, un grupo de cuatro personas que se vea repentinamente ante tres nuevos miembros quedará sobrecargado. Se produce un sonoro frenazo al cesar todo el trabajo en curso y el grupo reconduce su energía hacia la tarea de incorporar a los nuevos miembros. El terapeuta que observa un empleo frecuente de las palabras «nosotros» y «ellos», o que oye las etiquetas «antiguos miembros» o «nuevos miembros», debe prestar atención a estos signos de escisión. No se puede llevar a cabo un ulterior trabajo terapéutico hasta que la incorporación sea completa.

La introducción de nuevos miembros puede potenciar sorprendentemente el proceso terapéutico de los antiguos miembros, que quizá respondan al recién llegado de modos muy idiosincrásicos. Un principio importante de la terapia de grupo es que cada estímulo importante que se presenta ante el grupo provoca una variedad de respuestas por parte de sus miembros. En la psicoterapia individual no se dispone de tal oportunidad, pero ésta constituye uno de los principales puntos fuertes de la terapia de grupo.

> David, un empresario apuesto y arrogante que ha alcanzado un gran éxito profesional, entró a formar parte de un grupo de pacientes externos a largo plazo y de alto rendimiento que tenía una composición estable. En dos sesiones provocó un aluvión de reacciones e interacciones nuevas y estimulantes en el seno de un grupo que se había vuelto algo dócil y satisfecho de sí mismo, cauteloso y con un gran apoyo mutuo. Jim, que hasta entonces había disfrutado de un poderoso papel de líder como joven rebelde, desafiante y dominante, se sintió en extremo amenazado, y expresó espontáneamente la fantasía que había tenido respecto a reventar las ruedas del coche de David. Dos de las mujeres del grupo se sintieron atraídas románticamente por David, mientras que una tercera, Lucy, encontró muchos parecidos entre David y su marido y empezó a relacionarse con él de un modo polémico.

Las diferentes respuestas que provoca en un marco grupal un único estímulo común, tal como un nuevo miembro, sólo puede explicarse por medio de las diferencias en el mundo interior, en el procesamiento interno del estímulo de cada uno de los miembros. La investigación de estas diferencias proporciona una ventana única al mundo interior de cada una de las personas que integran el grupo.

LA FORMACIÓN DE SUBGRUPOS

Un segundo problema muy corriente que se encuentra en la terapia de grupo es el de la formación de subgrupos, es decir, la escisión en unidades más reducidas. La subdivisión tiene lugar frecuentemente en los grupos de pacientes externos y forma parte casi invariablemente de los grupos de pacientes internos. Un subgrupo surge cuando dos o más de los miembros opinan que la relación mutua les va a resultar más gratificante que la relación con todo el grupo. Este proceso puede frustrar el trabajo grupal de un modo sutil, aunque poderoso, y el terapeuta debe ponerse en guardia frente a su posible aparición, así como estar preparado para enfrentarse a él cuando aparezca.

El proceso de formación de subgrupos

Un subgrupo puede existir completamente dentro de los confines delimitados por la sala de la terapia de grupo, a medida que los miembros que perciben similitudes entre sí forman coaliciones basadas en la edad, etnicidad, valores similares, educación similar, etcétera. Los restantes miembros del grupo, que han quedado excluidos de la elite, no poseen, por lo general, habilidades sociales eficaces y no suelen unirse en un segundo subgrupo. El fenómeno de la elite frente a personas que no están incluidas en ella se puede observar de forma muy llamativa en un escenario de pacientes internos.

La formación de sugrupos también puede tener lugar fuera del grupo cuando adopta la forma de socialización extragrupal. Una elite formada por tres o cuatro miembros empieza a mantener conversaciones privadas, a reunirse para tomar café o salir a cenar, a llamarse por teléfono y a compartir observaciones e interacciones aparte. En ocasiones, dos miembros pueden mantener relaciones sexuales, pero mantener en secreto el carácter de su relación. Irónicamente, los acontecimientos de la terapia de grupo se convierten a menudo en un tema especialmente compartido entre ambos.

Los peligros de la formación de subgrupos

Pero para todos los miembros del grupo surgen complicaciones, tanto si pertenecen al subgrupo como si no. Los miembros del subgrupo sienten lealtad hacia éste, guardan secretos, y se inhiben en la expresión de sus sentimientos y pensamientos. Aquellos que están excluidos del subgrupo experimentan intensos sentimientos de envidia, competencia e inferioridad. Con frecuencia, a los miembros que se sienten excluidos también les resulta excepcionalmente difícil comentar sus sentimientos de exclusión.

Cuando la división está basada en la atracción o seducción sexual, formar parte de la díada romántica adquiere mayor importancia que el trabajo de grupo. Una integrante femenina del grupo que se ha emparejado en secreto con uno de los hombres, puede interesarse más por parecer atractiva a su pareja que por mantener una interacción sincera con los demás miembros. Puede que su pareja masculina trate a los demás hombres del grupo como rivales a los que debe vencer. Estos miembros no se sentirán inclinados a revelar áreas problemáticas que quizá los hagan parecer poco deseables romántica o sexualmente. Así, la tarea grupal de sincera autorrevelación resulta saboteada.

Los pacientes que violan las normas del grupo por medio de la formación de subgrupos eligen la gratificación inmediata de sus necesidades, en lugar de la participación en el verdadero aprendizaje interpersonal y el cambio. La formación de subgrupos que no se analiza en el grupo, tanto si ocurre dentro como fuera de la sesión grupal, es una potente forma de resistencia. Perjudica al terapeuta y denigra el esfuerzo que realizan los demás miembros por revelarse, por ofrecer un *feedback* sincero y por participar plena y auténticamente en el proceso grupal.

Enfrentarse a la formación de subgrupos

Se puede reconocer a los miembros de un subgrupo porque tienen un código de conducta sorprendente. Están mutuamente de acuerdo con independencia del tema y evitan el enfrentamiento entre sus propios miembros; intercambian miradas de complicidad cuando habla un miembro que no pertenece a la elite; llegan juntos a la reunión y se marchan también juntos. En una díada romántica tienen lugar interacciones de coqueteo, de seducción y de provocación que excluyen al resto del grupo. Los miembros de un subgrupo también suelen hacer causa común y apoyarse mutuamente en la devaluación sutil (y a veces no tan sutil) de las contribuciones de los restantes miembros.

La formación de subgrupos representa una situación que provoca un alto riesgo pero también elevados beneficios. No es la socialización extragrupal *per se* la que resulta paralizadora para un grupo, sino la conspiración de silencio que se forma a su alrededor. Si la tarea principal que se debe realizar en el grupo consiste en analizar en profundidad las relaciones interpersonales que se establecen entre todos los miembros, la socialización extragrupal inhibe este análisis. Un material importante –la relación entre los miembros que interactúan fuera del grupo, los sentimientos de exclusión de los pacientes que no forman parte de esta interacción– permanece encubierto, y la tarea grupal resulta saboteada. El terapeuta debe detectar y afrontar abiertamente este proceso a medida que se desarrolla en el grupo.

En la preparación pregrupal, el terapeuta intenta impedir que se produzca la formación de subgrupos afirmando que todo comportamiento extragrupal debe reconducirse al grupo con objeto de comentarlo. En el caso de que ocurra, la formación de subgrupos tiene que detectarse y estudiarse explícitamente: «Leslie, me he dado cuenta de que tú y Frank os apoyáis de una forma especial, hasta el punto de excluir a otros miembros de vuestra interacción». Cuando las poderosas cuestiones que ocasionan la formación de subgrupos se afrontan y se discuten abiertamente, pueden tener gran trascendencia terapéutica en el seno del mismo grupo al que estaban obstaculizando. Enfrentarse a la formación de subgrupos es de primordial importancia para el terapeuta que trabaja con grupos basados en la interpersonalidad, aunque mucho menos importante para otra clase de grupos.

GESTIONAR EL CONFLICTO EN EL SENO DEL GRUPO

El conflicto, otro de los problemas corrientes que se plantean en la terapia de grupo, es inevitable en el transcurso del desarrollo de un grupo. Al igual que la formación de subgrupos, el conflicto representa un proceso de alto riesgo y de elevados beneficios en el grupo: puede, o bien sabotear, o bien facilitar el trabajo de grupo.

Clarificación del conflicto

A menudo, la presencia de sutiles interacciones interpersonales negativas, que abarcan desde discretos desaires, hasta el desdén abierto de uno de los miembros, pasando por bromas mordaces y comentarios despreciativos, señalan inicialmente el conflicto en el seno de un grupo. En presencia de esta clase de hostilidad indirecta, la resolución del conflicto es prácticamente imposible. Al igual que sucede con la formación de subgrupos, la tarea del terapeuta consiste en poner de manifiesto aquello que ha estado encubierto: «Bob, me he dado cuenta de que hoy has cortado a Mary un par de veces. Me pregunto si no te sientes algo enfadado debido al *feedback* que recibiste de las mujeres del grupo la semana pasada».

El conflicto se expresa sólo en raras ocasiones abierta y airadamente entre los miembros del grupo. Cuando en los grupos de bajo rendimiento se producen una franca ira y hostilidad, generalmente ello provoca una gran falta de control de los impulsos y/o una expresividad afectiva primitiva y caótica que resulta abrumadora para los miembros que la experimentan. Este tipo de conflicto casi nunca puede utilizarse eficazmente para el aprendizaje interpersonal.

En los grupos maduros de alto rendimiento, la razón ostensible de un ataque abierto suele utilizarse a menudo para desviar la atención de las verdaderas cuestiones subyacentes.

Ejemplo de caso

En un grupo en curso para estudiantes femeninas de posgrado de ciencias e ingeniería, las participantes criticaron severamente a una de las líderes por su postura abierta y polémica durante una de las reuniones anteriores, durante la cual alentó a Katie –una mujer vivaz, aunque demasiado controlada– a compartir explícitamente algunos sentimientos dolorosos producidos por una próxima visita familiar. «Puesto que obviamente no sabes cómo nos gusta hacer las cosas aquí –exclamó ante la líder una de las participantes más irritadas–, ¡sencillamente tendremos que aprender a decirte que te calles!»

Esta líder era relativamente nueva en el grupo. Había sustituido a la terapeuta que había fundado el grupo, una mujer que tenía un estilo interpersonal muy suave y que se había marchado con objeto de dedicarse a otras actividades profesionales. Aunque el grupo no admitió una sensación de pérdida o abandono cuando se fue la terapeuta fundadora, ni tampoco una sensación de injusticia o impotencia al tener que aceptar a alguien en su lugar, la nueva líder tuvo que enfrentarse continuamente, en todas sus primeras interacciones con el grupo al conflicto, a una ira desmesurada y a la crítica.

Utilizar el conflicto para fomentar el aprendizaje interpersonal

¿Cómo se puede utilizar el conflicto en el grupo y emplearlo al servicio del crecimiento interpersonal? En primer lugar, el terapeuta debe encontrar el nivel adecuado para el grupo que maneja. El conflicto explosivo es amenazador y contraproducente para cualquier grupo de individuos, pero un conflicto reducido –especialmente con pacientes de alto rendimiento– deja al grupo estancado y excesivamente cauteloso. En esta situación, una cantidad juiciosa de enfrentamiento, ira y resolución de conflictos puede proporcionar una experiencia de aprendizaje con carga afectiva a los miembros del grupo.

La cohesión grupal es el requisito esencial para gestionar con éxito el conflicto. Los miembros deben haber desarrollado un sentimiento de respeto y ayuda mutuos, y deben valorar suficientemente al grupo para ser capaces de tolerar algunas interacciones incómodas. Los pacientes tienen que entender que se debe mantener una comunicación abierta si el grupo ha de sobrevivir. Todas las partes deben seguir tratándose directamente, sin importar lo irritadas que estén. Se deben establecer normas que dejen claro que los miembros del grupo están allí para comprenderse a sí mismos, y no para enfrentarse, vencerse o ridiculizarse mutuamente. Además, debe tomarse en serio a todo el mundo. Cuando un grupo empieza a tratar a una persona como si fuera una mascota, tomando sus opiniones a la ligera, la esperanza de que dicho paciente reciba un tratamiento debe ya abandonarse por completo.

Gestionar el conflicto en el nivel terapéutico

No todos los grupos toleran igual nivel de conflicto. El enfrentamiento abierto y conflictivo que tiene lugar entre dos miembros de un grupo de pacientes externos a largo plazo, sería devastador en un grupo de medicación para esquizofrénicos. El desacuerdo moderado y cauteloso puede resultar apropiado en un grupo de tiempo limitado para pacientes que padecen un trastorno de pánico, mientras que podría considerarse como evitación de sentimientos reales en un grupo de pacientes externos a largo plazo.

Incluso un mismo grupo puede no tolerar un mismo nivel de conflicto en diferentes momentos de su desarrollo. En la fase inicial, el grupo prototípico necesita invertir su energía en el desarrollo de la cohesión, la confianza y el apoyo. En sus fases intermedias, dicho grupo inicia el análisis constructivo del desacuerdo y del enfrentamiento. Mucho más tarde, a medida que los pacientes van finalizando la terapia, desean centrarse nuevamente en los aspectos positivos y más íntimos de la experiencia grupal, antes que en los aspectos divisivos. Los terapeutas deben ayudar a las personas a expresar un desacuerdo moderado en la fase inicial del grupo, de modo que la ira no se acumule hasta llegar más tarde a niveles explosivos.

El conflicto puede escaparse fácilmente de las manos, sin importar de qué escenario grupal se trate. Los líderes tienen que intervenir enérgicamente para mantener el conflicto dentro de unos límites constructivos. La mayoría de las veces, ello incluye ayudar a los pacientes a que expresen su ira de forma más directa y más justa, así como asegurar que todo el mundo disponga de un turno para responder a dicha ira. El objetivo del terapeuta consiste en ayudar a cada uno de los miembros a aprender algo de la interacción airada.

Ejemplo de caso

Sherry, una muy buena profesional, acusó airadamente a otra participante más tradicionalmente femenina, llamada Sue, de acaparar demasiado tiempo del grupo. «Me haces sentir vergüenza ajena y perder totalmente el interés cuando empiezas a contar esas historias largas e intrincadas. Pienso que sólo eres una pelele manipuladora que intenta que todos los demás la compadezcan.» Sue respondió llorando y retrayéndose. A fin de convertir este enfrentamiento en una experiencia de aprendizaje para el grupo, el terapeuta podía seguir varias líneas de interrogación: ¿por qué está Sherry tan enfadada cuando los demás miembros no están enfadados con Sue? ¿Envidia a Sue (¿su matrimonio? ¿su feminidad?)? ¿Por qué responde Sue de una forma tan pasiva? ¿Tiene la impresión de que Sherry tiene razón? ¿Tiene miedo de que sin esas largas historias no tenga nada que decir? ¿Cómo responden otros miembros a esta ira? ¿Quién está asustado? ¿Quién quiere que se peleen? ¿Quién quiere que hagan las paces? Por ejemplo, ¿por qué Butch, uno de los participantes masculinos, hace lo imposible por conseguir que Sue y Sherry se reconcilien y se digan cosas amables? ¿Está intentando seducir a ambas? ¿O lo asusta la ira de una mujer?

Como sucede con cualquier experiencia afectivamente cargada que tiene lugar en el grupo, el terapeuta alienta a todos los miembros a reaccionar, al ofrecimiento de un *feedback* activo y a la validación consensuada (un consenso de opinión sobre el verdadero carácter y significado del conflicto).

PACIENTES PROBLEMÁTICOS

Los problemas de cada paciente son complejos y únicos, y exigen gran cantidad de intervenciones atentas, perseverantes y cuidadosas por parte del terapeuta. Sin embargo, hay algunas constelaciones comunes de comportamiento, o pacientes problemáticos tipo, que resultan especialmente irritantes tanto para el terapeuta como para el grupo. Aunque la mayoría de las estrategias para enfrentarse a pacientes problemáticos pertenecen al escenario de los grupos de pacientes externos, algunos de estos principios básicos también pueden aplicarse a los grupos de pacientes internos.

El monopolizador

Si hay algo que detestan los terapeutas de grupo es el monopolizador, una persona que se siente obligada a hablar incesantemente sobre todas y cada una de las cosas, acaparando todo el tiempo y la atención del grupo. El monopolizador persiste en describir –con detalle obsesivo– las conversaciones mantenidas con otras personas o incidentes complicados del exterior o del pasado, temas que tienen escasa relevancia para la tarea grupal. Algunos monopolizadores obtienen el uso de la palabra al asumir en el grupo el papel de terapeuta *junior* o de interrogador, y otros utilizan material sexual atractivo. Los pacientes extremadamente histriónicos presentan a menudo una serie de traumas vitales importantes que siempre parecen exigir la atención inmediata, urgente y prolongada del grupo.

Reacción del grupo

Aunque el grupo inicialmente recibe con agrado y ánimos al paciente monopolizador –que automáticamente rellena los huecos y proporciona actividad al grupo–, ese estado de ánimo es sustituido rápidamente por la frustración y la ira. Al principio, los miembros no se sienten inclinados a silenciar al hablante por miedo a resultar maleducados, o a no mostrar la suficiente compasión hacia la historia del monopolizador, o porque temen incurrir en la obligación de tener que rellenar el silencio que se produzca a continuación. Eso se transforma rápidamente en irritación a medida que los miembros empiezan a sentirse abrumados por el monólogo unidireccional.

Además, el paciente monopolizador supone una sutil amenaza para las normas fundamentales de procedimiento del grupo. Los pacientes se dan cuenta de que hay un grupo en el que se los anima a hablar y a revelar cosas sobre sí mismos, pero también de que hay un paciente que habla mucho y debe ser silenciado de algún modo. El monopolizador es, por lo tanto, un problema que el grupo, y especialmente un grupo joven, sencillamente no puede resolver por sí mismo.

Enfoques terapéuticos

Como regla general, el terapeuta hace bien en esperar que el grupo resuelva sus propios problemas, pero al tratar con un monopolizador el terapeuta debe intervenir personal y activamente: en primer lugar, para impedir que el monopolizador se suicide socialmente en el grupo y, en segundo lugar, para abordar la cuestión de por qué debe silenciarse a un paciente que habla demasiado.

Un enfoque de dos flancos es el más eficaz. Para empezar, el terapeuta aborda al grupo que ha permitido la monopolización. Pregunta por qué permite a uno de sus miembros cargar con el peso de toda la reunión. Dicha pregunta sorprenderá al grupo, cuyos miembros, hasta ese punto, se han considerado a sí mismos víctimas pasivas del monopolizador. El líder observa que, con su silencio, los demás miembros han permitido al paciente monopolizador realizar todas las autorrevelaciones o actuar como pararrayos de la ira del grupo, dispensando con ello al resto de la necesidad de asumir la responsabilidad del trabajo de grupo. Una vez que los miembros empiezan a discutir abiertamente las varias razones que explican su inactividad en presencia del monopolizador, se vuelven a comprometer a participar en la tarea grupal.

Como siguiente paso, el terapeuta tiene que trabajar directamente con el monopolizador. El mensaje fundamental que el terapeuta envía al monopolizador es engañosamente simple: «Quiero saber más de ti, no menos». Aunque cada terapeuta modelará sus intervenciones de acuerdo con su estilo personal, el mensaje esencial que debe dirigirse a los monopolizadores es que, por medio del habla compulsiva, mantienen al grupo a distancia e impiden que los demás se relacionen significativamente con ellos: ocultan su verdadero yo tras un aluvión de palabras.

Por lo general, la causa profunda del comportamiento del monopolizador no se comprende bien hasta una fase tardía de la terapia, y, de todos modos, la interpretación de la causa no ofrece mucha ayuda a la hora de gestionar realmente la conducta perturbadora tal como tiene lugar en el grupo. Resulta mucho más eficaz concentrarse en las manifestaciones subjetivas del paciente y en la respuesta que presentan los restantes miembros frente a un comportamiento monopolizador.

El paciente que permanece en silencio

Al contrario que el monopolizador, el miembro que siempre permanece en silencio no es tan abiertamente perturbador, pero igualmente supone desafío para el terapeuta. Sesión tras sesión, a través de interacciones grupales tormentosas y de bromas amistosas, el paciente callado consigue de algún modo permanecer en silencio, retraído y no participar en el proceso grupal.

Las causas del silencio

Los pacientes pueden permanecer callados por muchas razones. Algunos experimentan tal vergüenza o tal miedo ante la autorrevelación, que temen que cualquier afirmación los comprometa a tener que revelar gradualmente más cosas sobre sí mismos. A otros, consciente o inconscientemente, parecer agresivos les produce tal conflicto que no pueden asumir la defensa de sus opiniones que conlleva hablar en el seno del grupo.

Algunos pacientes, especialmente aquellos con ciertos problemas de narcisismo, se exigen a sí mismos ser perfectos y, por lo tanto, nunca hablan en el grupo por miedo a no dar la talla. Otros, a menudo participantes que sienten desprecio por el grupo, mantienen la distancia o consiguen obtener una sensación de dominio y control al mantener un silencio altivo y superior.

Aquellos pacientes que sienten temor o que se sienten especialmente amenazados por un miembro específico del grupo, suelen hablar sólo cuando dicho miembro no está presente. Algunos tienen miedo a exhibir lo que sienten como una necesidad abrumadora y permanecen callados para no derrumbarse, llorar o parecer débiles, mientras que otros se enojan en el intento de castigar a los demás o de obligar al grupo o al líder a que les presten atención.

Enfoques terapéuticos

La gestión adecuada depende en gran medida de las causas individuales del silencio. En parte, éstas pueden averiguarse a partir de las entrevistas individuales previas a la formación del grupo y de las pistas no verbales del paciente, así como de las escasas contribuciones verbales que éste puede haber realizado en el grupo. El terapeuta debe intentar adoptar una posición intermedia: permitir a cada paciente modular su propio grado de participación, pero, no obstante, esforzarse periódicamente por integrar al paciente que permanece en silencio.

Un modo eficaz de inclusión para el terapeuta consiste en comentar el comportamiento no verbal, esto es, cuando, por medio de gestos, porte o expresión facial, el paciente evidencia interés, tensión, tristeza, aburrimiento o diversión como reacción a lo que sucede en el grupo. Con frecuencia, el terapeuta puede acelerar la participación de un miembro callado alentando a otros miembros a reflexionar sobre la percepción que tienen de él y después pidiendo al miembro callado que valide esas percepciones.

Incluso cuando es necesario seducir, atacar o insistir repetidamente con objeto de obtener la participación de un miembro que permanece en silencio, aún es posible evitar que el paciente se convierta en un objeto pasivo por medio de repetidos controles del proceso. «¿Quieres sufrir ataques en esta reunión? ¿Cómo te sentiste cuando te puse en un aprieto? ¿Cuál es la pregunta ideal que te podríamos hacer hoy para ayudarte a participar en el grupo?»

Si, resistiéndose a todos estos esfuerzos, la participación de un paciente sigue siendo muy limitada, incluso tras tres meses de reuniones, el pronóstico no es bueno. Aunque un paciente callado se puede beneficiar algo del grupo por medio del aprendizaje vicario, siempre se llega a un punto de rendimiento decreciente. El grupo se sentirá cada vez más frustrado y desconcertado a medida que anime y desafíe en vano al paciente mudo y bloqueado. La posición del paciente en el grupo se hará cada vez más insostenible frente al desaliento y desaprobación del grupo, aquél asumirá el papel de mascota. En estas circunstancias, la probabilidad de que se produzca una participación espontánea se vuelve aún más remota. Sesiones individuales paralelas pueden ser útiles para ayudar al paciente en ese momento. Si fracasan, el terapeuta debe considerar seriamente la posibilidad de retirar al paciente del grupo.

El paciente esquizoide, obsesivo o demasiado racional

Los pacientes emocionalmente bloqueados, aislados e interpersonalmente distantes acuden a menudo a la terapia debido a una vaga sensación de que les falta algo. No pueden sentir, amar, jugar ni enfadarse. Tampoco pueden llorar. Son espectadores de sí mismos: no viven en su propio cuerpo y no viven verdaderamente sus propias experiencias. Estos pacientes son a menudo descritos como esquizoides, en ocasiones con rasgos obsesivos. Casi siempre se muestran demasiado racionales en sus interacciones y respuestas.

En un grupo de terapia, un paciente de este tipo obtiene pruebas que confirman que la naturaleza e intensidad de su experiencia emocional difieren considerablemente de las de los demás miembros. Inicialmente, al paciente lo pueden sorprender e intrigar las discrepancias y puede concluir que los otros miembros son melodramáticos, demasiado inestables, falsos o que simplemente tienen otro temperamento. Al final, sin embargo, los pacientes esquizoides empiezan a hacerse preguntas sobre sí mismos. Llegan a sospechar que en su interior tienen un depósito de sentimientos no expresados ni explotados.

La reacción del grupo

De un modo u otro, verbalmente o no, el paciente esquizoide transmite su aislamiento emocional a los demás miembros, y éstos toman aguda conciencia de la persistente racionalidad y la ausencia de verdadera participación emocional del paciente. La respuesta de los otros miembros va de la curiosidad a la perplejidad, pasando por la incredulidad, la solicitud, la irritación y, finalmente, la frustración. Preguntan una y otra vez al paciente: «Pero, ¿qué *sientes* acerca de...?». Pronto se dan cuenta de que con el paciente esquizoide están hablando, en cierto sentido, en un idioma extranjero. Finalmente, el grupo empieza a decir a esta clase de pacientes qué deberían sentir y qué clase de emociones deberían expresar. Las reuniones se vuelven muy previsibles a medida que los miembros intentan, por turnos, «encender» afectivamente al paciente, que permanece demasiado racional y distante. Las interacciones con el paciente se vuelven crecientemente desalentadoras. En ocasiones, los miembros del grupo le ponen el mote de «la nevera» o «doctor Spock», y el paciente se convierte así en una fuente de gran diversión para el resto del grupo, un papel que sólo consigue aislarlo aún más.

Enfoques terapéuticos

La evidencia de la investigación demuestra que los grandes avances emocionales del grupo no son eficaces para cambiar el comportamiento de estos pacientes,[2] y el terapeuta debe evitar unirse al resto del grupo en esta campaña. En cambio, existen varias técnicas graduadas de activación que, aun sin ser espectaculares, a largo plazo son más útiles para el paciente esquizoide.

Como primera intervención, el terapeuta anima al paciente a diferenciar entre los demás miembros. A pesar de todas las protestas en sentido contrario, el paciente no siente exactamente lo mismo por todas las personas del grupo. «John, me he dado cuenta de que parecías escuchar con gran atención cuando hoy habló Nina. ¿Cómo son sus comentarios comparados con los de Joan? ¿Quién ha sido más útil en esta reunión? ¿Con quién sientes mayor afinidad?» También se puede preguntar al paciente acerca de las diferentes reacciones de cada uno de los dos coterapeutas.

El líder ayuda a los pacientes esquizoides a analizar sentimientos de los que hacen caso omiso por considerarlos inconsecuentes o irracionales. Cuando un paciente de esta clase admite: «Bueno, puede que me sienta levemente irritado», el terapeuta sugerirá que analice esos sentimientos durante un momento. «Observa tu irritación con lupa. Descríbenos exactamente cómo es. Nadie ha dicho que sólo deban discutirse los grandes sentimientos.» Además, el terapeuta impide diplomáticamente los habituales métodos de evitación del paciente. «De alguna manera, te has apartado de algo que parecía importante. Cuando estabas hablando con Julie, creo que parecía que estabas al borde del llanto. Algo sucedía en tu interior.»

Otra técnica extremadamente útil consiste en alentar al paciente a que observe su propio cuerpo y sus sensaciones somáticas. El paciente esquizoide, obsesivo o demasiado controlado y racional, que no es capaz de experimentar o describir afecto, es, con frecuencia, consciente de equivalentes afectivos autonómicos o somáticos: la tensión del estómago, la transpiración, las manos frías, el rubor. Algunas veces, darse cuenta de un cambio en la posición del cuerpo, como cruzar los brazos o la tendencia a recostarse en el asiento, pueden ser un indicador útil de una reacción emocional. El grupo ayuda gradualmente al paciente a traducir esos sentimientos corporales a su significado psicológico: «Bill, cada vez que Sally intenta hacerte hablar, te cruzas de brazos. ¿Qué dicen esos brazos cruzados? Deja que hablen».

En el grupo, los pacientes esquizoides, son a la vez elementos de alto riesgo y de gran recompensa. Si consiguen perseverar, seguir en el grupo y no dejarse desalentar debido a su incapacidad para cambiar rápidamente su estilo interpersonal, es probable que la terapia de grupo sea muy provechosa para ellos.

El quejumbroso que rechaza toda ayuda

El quejumbroso que rechaza toda ayuda, a quien también se conoce como el paciente «Sí ..., pero», sigue un patrón conductual característico, ya que solicita implícita o explícitamente ayuda del grupo, presentando problemas o quejas, para luego rechazar o sabotear cualquier ayuda que se le ofrezca. Estos pacientes introducen continuamente problemas somáticos o de su entorno en el grupo, a menudo historias sobre una compleja confusión familiar o laboral, preocupaciones de salud, etcétera. Además, describen estos problemas de un modo que los hace parecer insalvables. De hecho, lo insalvable de sus problemas enorgullece al paciente quejumbroso que rechaza toda ayuda y le produce una cierta satisfacción.

A medida que el grupo intenta heroica y dedicadamente plantear diversas soluciones a las dificultades del paciente, el rechazo de ayuda se hace más firme. Este rechazo adopta formas muy variadas y sutiles. En ocasiones se trata de una respuesta ambivalente del tipo «Sí ..., pero». Otras veces, mientras acepta el consejo verbalmente, nunca actúa según ese consejo; o, si actúa según se le ha aconsejado, el consejo, inevitablemente, no consigue mejorar la situación del paciente, quien informa de ello al grupo con una satisfacción que sólo oculta ligeramente.

La reacción del grupo

El efecto sobre el grupo es obvio. Los demás miembros, que al principio se muestran solícitos, rápidamente se aburren y se irritan, para luego sentirse frustrados y confundidos. El paciente quejumbroso que rechaza la ayuda parece ser un agujero negro ávido de quejas que absorbe la energía y los consejos del grupo. Y, lo que es peor, las exigencias del paciente no se calman con el tiempo. La fe en el proceso del grupo se resquebraja a medida que los miembros experimentan una sensación de impotencia y, también, a medida que pierden las esperanzas de que el grupo aprecie sus propias necesidades. La cohesión resulta minada a medida que se produce absentismo o a medida que los pacientes forman subgrupos en un esfuerzo por excluir al quejumbroso.

La pauta de comportamiento del paciente quejumbroso que rechaza toda ayuda se debe a sentimientos muy conflictivos sobre la dependencia y la satisfacción de necesidades. Por una parte, el paciente se siente impotente, insignificante y totalmente dependiente de los demás –especialmente del terapeuta– con respecto a adquirir una sensación de valía personal. Cualquier atención o señal de reconocimiento por parte del terapeuta acrecienta temporalmente la autoestima del paciente. Lo contrario –la percepción de rechazo o la sensación de ser dejado a un lado por el terapeuta– hace que el paciente caiga en picado. Por otra parte, la posición dependiente del quejumbroso se confunde a menudo con la desconfianza y enemistad que provocan en él las figuras de la autoridad, y por la envidia y la rivalidad que siente hacia los restantes miembros del grupo.

Enfoques terapéuticos

Un caso grave de paciente quejumbroso constituye un reto clínico extremadamente difícil, y muchos de estos pacientes obtienen una victoria pírrica sobre el terapeuta y el grupo al fracasar triunfalmente en la terapia. Estos pacientes solicitan consejos no por su valor potencial, sino con objeto de rechazarlos. Por lo tanto, el terapeuta comete una equivocación si confunde la ayuda que demanda con la ayuda que necesita. El terapeuta también comete un error si expresa frustración o resentimiento, dado que las represalias cierran el círculo vicioso y reducen aún más la autoestima del quejumbroso.

El terapeuta debe movilizar inicialmente los factores terapéuticos principales de la terapia de grupo al servicio del paciente quejumbroso, y animarlo a utilizar la universalidad, la identificación y la catarsis. El papel que desempeña el altruismo o el servicio a los demás representa asimismo una nueva experiencia para el quejumbroso.

Después de que la pertenencia al grupo haya adquirido valor y cuando el paciente quejumbroso se sienta interesado por el impacto interpersonal que ejerce sobre los demás, puede ayudárselo a reconocer el patrón característico que utiliza para relacionarse y el efecto que tiene sobre los restantes miembros. Puede animárselo a probar nuevas formas de comunicar sus necesidades, nuevos modos de hablar a los demás miembros o de hablar con ellos, en lugar de hacerlo ante ellos. Los miembros del grupo pueden proporcionar *feedback* sobre aquella clase de comunicación que los hace sentirse más próximos al paciente quejumbroso y sobre la clase de comunicación que los aleja de él.

Eric Berne considera que el patrón seguido por el quejumbroso que rechaza ayuda es el más común de todos los juegos sociales y psicoterapéuticos, y lo bautizó como «¿Por qué no haces? ... Sí, pero».[5] El empleo de tales etiquetas descriptivas, si se utilizan en un tono de afectuosidad amistosa y diplomática, ayuda a hacer que el proceso sea más transparente y accesible a los miembros del grupo. Una vez que detectan el proceso de «Sí, ... pero», los miembros pueden ofrecer un *feedback* interpersonal específico para ayudar al quejumbroso siempre que se produce ese proceso.

El paciente fronterizo (borderline)

El reciente desarrollo del interés que muestran los psicoterapeutas de grupo por los pacientes fronterizos se debe a dos razones. En primer lugar, y dado lo difícil que resulta diagnosticar a los pacientes fronterizos en una sola sesión de investigación de antecedentes, muchos clínicos introducen involuntariamente pacientes fronterizos en los grupos de terapia constituidos por pacientes que funcionan en un nivel más elevado de integración del yo. Una vez en el grupo, el paciente fronterizo supone un serio desafío: sus afectos primitivos y sus inclinaciones perceptivas altamente distorsionadas ejercen una enorme influencia en el curso de la terapia de grupo.

En segundo lugar, muchos psicoterapeutas han llegado a la conclusión de que la terapia de grupo es el tratamiento más adecuado para el paciente fronterizo, especialmente si se lleva a cabo en estrecha conjunción con la psicoterapia individual. Además, la evidencia de la investigación indica que los pacientes fronterizos otorgan gran valor a la terapia de grupo y con frecuencia la valoran más que la psicoterapia individual.[2]

Ventajas de tratar a pacientes fronterizos en la terapia de grupo

Una de las principales ventajas que se desprenden de la psicoterapia de grupo para el tratamiento de un paciente fronterizo es el contundente enfrentamiento con la realidad que proporciona la corriente de *feedback* y de observaciones emitidas por los restantes miembros del grupo. Debido a ello, la regresión del paciente fronterizo provocada por el estrés es mucho menos pronunciada en la psicoterapia de grupo que en la psicoterapia individual. El paciente puede distorsionar, actuar o expresar necesidades y temores rudimentarios y caóticos, pero los continuos y muy diversos recordatorios de la realidad presentes en el seno del grupo de terapia mantienen apagados dichos sentimientos.

El potencial que posee el paciente fronterizo para realizar intensas y paralizadoras distorsiones o psicosis de transferencia se reduce en la situación grupal. En primer lugar, otros miembros corrigen una forma distorsionada de ver al terapeuta; en ocasiones, el terapeuta tiene que inducir este proceso activamente pidiendo a otros miembros que validen o, lo que es más corriente, invaliden las percepciones del paciente fronterizo.

En segundo lugar, la oportunidad de realizar transferencias se diluye en el escenario de la terapia de grupo. El paciente desarrollará sentimientos menos intensos, pero más variados hacia varios individuos del grupo. O, si los sentimientos de transferencia se exaltan demasiado, el paciente fronterizo puede descansar, retraerse o dejar de participar temporalmente en el escenario grupal, de un modo que no le resultaría posible en una terapia individual.

De este modo, los pacientes fronterizos pueden sacar provecho del factor terapéutico de la identificación con el líder, sin correr peligro de fundir sus límites personales con el terapeuta ni de caer en una psicosis de transferencia. El grupo proporciona al paciente la oportunidad de distanciarse del terapeuta, y, desde esa posición ventajosa, el paciente puede observar e internalizar aspectos del comportamiento del terapeuta. Por ejemplo, los pacientes fronterizos pueden observar cómo escucha y apoya el terapeuta a los miembros del grupo, y puede entonces incorporar el mismo comportamiento a sus propias relaciones con otros miembros del grupo o con otros individuos fuera del grupo.

Enfoques terapéuticos

La psicoterapia individual con los pacientes fronterizos se caracteriza por una alianza terapéutica fluctuante e inestable. Con frecuencia, los pacientes son incapaces de emplear la psicoterapia individual para llevar a cabo un cambio personal, o no desean emplearla, y exigen de la relación terapéutica, en cambio, una gratificación o venganza rudimentaria.

Por el contrario, la ética de trabajo de la psicoterapia resulta mucho más evidente en un grupo, y observar que otros miembros pueden trabajar en la terapia de grupo –que otros pueden perseguir objetivos concretos, manifestar cambios y obtener un *feedback* positivo debido a su nuevo comportamiento– es un correctivo importante para el paciente fronterizo. El psicoterapeuta debe reconducir repetidamente la atención del paciente fronterizo hacia este fenómeno, en especial cuando trata con un paciente particularmente necesitado y dependiente, y exclusivamente centrado en obtener algo de las personas que lo rodean.

Aunque los pacientes fronterizos pueden sentirse dolidos en las reuniones grupales por confrontárselos con los otros miembros, el mensaje final dice que los restantes miembros del grupo los toman en serio y respetan su capacidad de asumir la responsabilidad de sus acciones y de cambiar su comportamiento. El terapeuta debe animar continuamente al grupo a adoptar esta postura ante el paciente fronterizo. Si el grupo sólo responde a la superficial tendencia del paciente fronterizo a sentirse herido o rechazado, o si el grupo empieza a temer su ira primitiva, la psicoterapia de grupo fracasará. El grupo dejará de proporcionar un *feedback* sincero al paciente y éste asumirá un papel pernicioso y desviado.

Los problemas fundamentales del paciente fronterizo proceden de la esfera de la intimidad y de la autointegración, y el factor terapéutico de la cohesión tiene una importancia decisiva. Si el paciente puede aceptar el *feedback* que le ofrece el grupo, y si su comportamiento no es tan perturbador que llegue a crear un papel desviado o de cabeza de turco, entonces el grupo se convierte en un refugio que ofrece un enorme apoyo. Este recurso es especialmente importante para los pacientes fronterizos frágiles a quienes el estrés de la vida cotidiana abruma con demasiada facilidad.

Una vez que dichos pacientes confían en el grupo, pueden ser, sorprendentemente, de gran influencia estabilizadora. A menudo se oye a los pacientes fronterizos referirse con orgullo al grupo de terapia como «mi grupo». Dado que el grupo representa el único aspecto estable de su entorno y el único que le presta apoyo, y puesto que los pacientes fronterizos padecen una grave ansiedad de separación, estos pacientes, con frecuencia, realizan grandes esfuerzos para mantener unido el grupo, son los asistentes más fieles y reprenden a otros miembros por retrasarse o por faltar.

El hecho de que un paciente fronterizo sea a menudo muy valioso en el grupo de terapia (siempre que su comportamiento no perturbe excesivamente el desarrollo del grupo), aumenta la sensación de pertenencia que experimenta el paciente. Los líderes de grupo observan frecuentemente que el fácil acceso a necesidades, fantasías y temores inconscientes de que dispone el paciente, puede hacer que un grupo demasiado controlado se relaje. Las asociaciones del paciente con el proceso grupal proporcionan un material inestimable y facilitan el trabajo terapéutico, especialmente frente a compañeros de grupo que están más inhibidos, coartados o reprimidos.

Advertencias finales

La tendencia que demuestra el paciente fronterizo a distorsionar las interacciones interpersonales, y su vulnerabilidad general ante un rechazo real o percibido, son tan grandes que casi siempre se requiere una psicoterapia individual conjunta o combinada. El empleo de una psicoterapia conjunta alcanza el mayor éxito cuando el líder de grupo y el terapeuta individual mantienen una estrecha comunicación y cuando la terapia individual está orientada hacia la comprensión interpersonal. La razón más corriente a la que se debe el fracaso del tratamiento de los pacientes fronterizos en los grupos de psicoterapia es la omisión de una psicoterapia individual complementaria.[6]

A pesar de los recientes esfuerzos por aumentar la precisión diagnóstica, el término «fronterizo» transmite, con frecuencia, escasa información sobre el comportamiento de un individuo de carne y hueso. Por tanto, la decisión acerca de incluir o no a un paciente fronterizo en un grupo depende más de la personalidad y de las características de la persona concreta a quien se está investigando, que de la categoría de diagnóstico *per se*. El terapeuta no sólo debe valorar la capacidad que posee el paciente para tolerar la intensidad interactiva del grupo de psicoterapia, sino también la capacidad que posee el grupo de tolerar las demandas interpersonales y las inclinaciones regresivas de ese paciente concreto.

El trabajo con el paciente fronterizo consume, por lo general, tiempo y energías, y la mayoría de los grupos heterogéneos sólo pueden tolerar, en el mejor de los casos, a uno o dos pacientes fronterizos. Los pacientes presuntuosos, desdeñosos, muy hostiles o extremadamente narcisistas, no tienen un futuro brillante en el grupo, y el paciente debe tener la capacidad de tolerar cantidades mínimas de frustración o de crítica sin caer en el chantaje emocional o en una grave dramatización. Sin embargo, si se tienen estas advertencias en mente, con frecuencia se puede tratar con éxito al paciente fronterizo en la psicoterapia de grupo.

El paciente agudamente psicótico

El hecho de que un miembro se vuelva agudamente psicótico en el transcurso del tratamiento supone un grave reto para la psicoterapia de grupo. El destino del paciente agudamente psicótico, la respuesta de los demás miembros y las opciones eficaces de que dispone el terapeuta dependen del momento en que tenga lugar la psicosis en la historia del grupo y del papel que el paciente haya desempeñado en él. En un grupo mayor, más establecido y maduro –especialmente un grupo en el que el paciente haya representado un papel apreciado– los miembros del grupo tienden a prestar mayor apoyo y a ser más eficaces durante la crisis.

Facilitar la participación del grupo

Cuando se enfrentan a un paciente que se ha vuelto agudamente psicótico en un grupo, muchos psiquiatras transmutan de forma refleja el modelo médico y disuelven simbólicamente el grupo al intervenir con energía y de manera individual. En efecto, el psicoterapeuta dice al grupo: «Esto es demasiado serio para que lo manejéis vosotros». Tal maniobra puede, en ocasiones, ser antiterapéutica: el cambio de actitud y de papel del terapeuta aún asusta más al paciente y la fuerza terapéutica del grupo disminuye.

Un grupo maduro y cohesivo es perfectamente capaz de ocuparse de la emergencia psiquiátrica que supone un miembro gravemente descompensador. Aunque pueden producirse una serie de soluciones falsas, el grupo, finalmente, considerará todas las contingencias y emprenderá todas las acciones que hubiese tenido en consideración el terapeuta. En ocasiones, el grupo elige la intervención apropiada, tal como tranquilizar a un paciente agudamente psicótico y facilitarle el ingreso. En otras ocasiones, el grupo está de acuerdo en que el terapeuta debe asumir el papel de líder y debe actuar de forma decisiva.

Los miembros de un grupo de psicoterapia que participan realmente en la elaboración de un plan de acción, se sienten más comprometidos con su puesta en práctica y su seguimiento. Si reconocen que la asistencia del paciente también es problema suyo y no sólo del terapeuta, se comprometerán, por ejemplo, de forma más plena con la asistencia general de un miembro gravemente psicótico y, lo que es más importante, con su posterior reingreso en el grupo.

Consideraciones terapéuticas

La experiencia de presenciar cómo desarrolla un miembro una psicosis aguda provoca un trauma personal en algunos miembros del grupo, si no en todos. El sentimiento de culpabilidad de haber (quizá) provocado la psicosis, se entrelaza con el temor de que también ellos pueden perder el control y deslizarse en un abismo similar. Los miembros se enfadarán con el paciente gravemente psicótico por perturbar la marcha del proceso grupal y por cambiar el formato y las expectativas regulares de la sesión de grupo. Expresarán su preocupación por la aparente fragilidad del paciente y les preocupará el pronóstico de reingreso del paciente en el grupo.

Cuando uno de los miembros experimenta una descompensación psicótica se pueden producir algunos beneficios inesperados para el grupo. La cohesión del grupo aumenta cuando los miembros comparten experiencias emocionales intensas y logran dominarlas. Sin embargo, en general, el grupo pagará cara la experiencia, especialmente si el paciente psicótico consume una cantidad masiva de energía durante un período prolongado de tiempo (en términos prácticos, esto significa durante más de una sesión). Puede que otros miembros abandonen el grupo, y el grupo puede tratar al paciente trastornado de manera cautelosa e indirecta, o simplemente intentar hacer caso omiso de los síntomas psicóticos. Todo ello agravará el problema.

Una de las peores calamidades que puede sucederle a un grupo de psicoterapia es la presencia de un miembro maníaco o hipomaníaco. Los pacientes maníacos o hipomaníacos abruman a los demás miembros con su ampulosidad, irritabilidad y energía dispersa. Consumen la mayor parte del tiempo y de la energía del grupo sin obtener por ello ningún beneficio. También se permiten frecuentemente interacciones interpersonales muy caóticas o manipuladoras («No entiendo por qué los líderes me dicen que no hable tanto o que no me pase en mis comentarios. Vosotros estáis aquí para ayudarme y debería sentirme cómodo diciéndoos lo que siento. ¿No es así?»).

En esta clase de situación crítica, el terapeuta debe intervenir rápidamente, iniciando la farmacoterapia apropiada, si es necesario. Puede que el líder tenga que ver al paciente trastornado en sesiones individuales durante el período de crisis. En este caso, el grupo también debe analizar minuciosamente las consecuencias y tomar parte en la decisión, a menos que el miembro perturbe tanto el desarrollo del grupo que deba apartarse de él lo más rápidamente posible.

REFERENCIAS

1. Yalom, I. D., «A study of group therapy dropouts», *Arch Gen Psychiatry,* 1966, 14, págs. 393-414.
2. Yalom, I. D., *The Theory and Practice of Group Psychotherapy,* Nueva York, Basic Books,[3] 1985.
3. Connelly, J. L., Piper, W. E., DeCarufel, F. L. *et al.,* «Premature termination in group psychotherapy: pretreatment and early treatment predictors», *Int J Group Psychother,* 1986, 36, págs. 145-152.
4. Dies, R. R. y Teleska, P. A., «Negative outcome in group psychotherapy», en Mays, D. T., Franks, C. M. (comp.), *Negative Outcome in Psychotherapy,* Nueva York, Springer Publishing Company, 1985.

5. Berne, E., *Games People Play,* Nueva York, Grove Press, 1964.
6. Horwitz, L., «Group psychotherapy for borderline and narcissistic patients», *Bull Menninger Clin,* 1980, 44, págs. 181-200.

CAPÍTULO 6

LAS TÉCNICAS DEL PSICOTERAPEUTA DE GRUPO

Aunque el psicoterapeuta individual y el psicoterapeuta de grupo utilizan con frecuencia técnicas psicoterapéuticas similares –tales como escuchar enfáticamente, aceptar sin emitir ningún juicio e interpretar– hay una serie de intervenciones que son específicas de la psicoterapia de grupo. Éstas incluyen el trabajo en el «aquí-ahora», la utilización de la transparencia del terapeuta y el empleo de varias ayudas de procedimiento que potencian el trabajo de grupo.

TRABAJAR EN EL «AQUÍ-AHORA»

Todos los grupos, incluyendo aquellos que carecen de liderazgo directo (por ejemplo, un grupo de autoayuda que carece de líder designado), pueden crear un entorno en el cual la mayoría de los factores terapéuticos, desde la universalidad al altruismo, sean operativos. El factor terapéutico del aprendizaje interpersonal, sin embargo, sólo se produce en los grupos dirigidos por un psicoterapeuta cualificado.

El aprendizaje interpersonal en la psicoterapia de grupo requiere un líder versado en las técnicas terapéuticas específicas del trabajo en el seno del «aquí-ahora». En general, los principios del trabajo en el «aquí-ahora» y la utilización del aprendizaje interpersonal son de gran importancia para los grupos interactivos prototípicos, pero estos conceptos pueden manifestarse para adaptarse a las necesidades de otra clase de grupos y forman parte esencial del repertorio instrumental de todo terapeuta de grupo.[1-3]

La importancia del «aquí-ahora»

El objetivo principal de un grupo de terapia para pacientes externos a largo plazo y, en menor medida, de muchas otras clases de grupos, es ayudar a cada individuo a comprender sus interacciones con los restantes miembros del grupo, incluidos los terapeutas. Para llevar esto a cabo, los miembros deben aprender a concentrar su atención en las transacciones interpersonales inmediatas que tienen lugar en el grupo.

Centrarse en el presente

El principio técnico más importante para el psicoterapeuta de grupo consiste en centrarse en el presente, en lo que sucede en la sala durante el aquí-ahora de la sesión grupal. Al concentrar su atención directamente sobre el aquí-ahora, el líder atrae la participación activa de todos los miembros, y al hacerlo maximiza el poder y la eficiencia del grupo. El terapeuta subraya ante el grupo el hecho de que las transacciones más importantes son las que tienen lugar en la sala del grupo, ante los ojos de todos y cada uno de los miembros.

El foco del grupo de terapia alcanza su mayor intensidad si es ahistórico, si resta importancia al pasado histórico e incluso a la vida actual exterior de los miembros individuales, en favor del «aquí-ahora» del grupo. Restar importancia no implica que la historia no sea importante, sino únicamente que los grupos trabajan del modo más eficiente cuando se ocupan de las interacciones que tienen lugar en el presente inmediato, cuando cada uno de los miembros tiene oportunidad de experimentarlas y analizarlas.

Experimentación y examen del afecto

Una experiencia grupal, si quiere ser terapéuticamente eficaz, debe contener tanto un componente afectivo como un componente cognitivo. Los miembros del grupo deben relacionarse mutuamente en una matriz afectiva: deben interactuar libremente, deben revelar una gran parte de sí mismos, y deben experimentar y expresar emociones importantes. Pero también tienen que distanciarse de dicha experiencia y analizar, comprender e integrar el significado de la experiencia emocional que acaban de atravesar. Por lo tanto, un foco del «aquí-ahora» consiste en una secuencia de rotación en la cual a la experimentación de afecto le sigue el examen de dicho afecto.[4-5]

La ausencia o bien del componente afectivo o bien del componente cognitivo de la experiencia del «aquí-ahora» hace peligrar la terapia. En los años sesenta y setenta, los grupos de encuentro representaban con frecuencia acontecimientos intensos y emocionantes, pero los participantes descubrieron que una fuerte experiencia emocional, sin el subsiguiente análisis, no propiciaba un verdadero aprendizaje. Un cambio terapéutico real no se produce a menos que los miembros del grupo puedan integrar lo que han aprendido en el «aquí-ahora», para más tarde transferir dicho aprendizaje a una situación de la vida real. De igual modo, los líderes que se concentran exclusivamente en la explicación y en la integración intelectual, acaban por ahogar toda expresión de afecto espontáneo y crean un grupo estéril y sin vida.

Éstas son las dos fases del enfoque del «aquí-ahora»: experimentación de afecto seguida del examen del afecto (figura 1). Cada una de ellas es importante, pero su carácter es muy diferente y exigen dos conjuntos de técnicas muy diferenciadas:

1. Para la primera fase, la fase de la experiencia emocional, el terapeuta necesita un conjunto de técnicas que sumerja al grupo en sus interacciones inmediatas.

2. Para la segunda fase, la clarificación de la experiencia emocional, el terapeuta necesita un conjunto de técnicas que ayude al grupo a trascenderse a sí mismo con objeto de analizar e interpretar su propia experiencia.

Sumergir al grupo en el «aquí-ahora»

Con objeto de sumergir a los miembros del grupo en transacciones mutuas activas, vigorosas y sinceras, el terapeuta debe educar primero a los miembros acerca de la naturaleza y la importancia de estas transacciones durante la preparación pregrupal y, más adelante, debe centrar continuamente al grupo en el presente inmediato.

Enseñar a los miembros el enfoque del «aquí-ahora»

El momento de iniciar la configuración de un grupo focalizado en el aquí-ahora es durante la preparación pregrupal. Al emplear sólo la instrucción, el líder ofrece al paciente las razones en que se basa el enfoque del «aquí-ahora» por medio de una discusión breve y simplificada del enfoque interpersonal de la terapia. Los pacientes se benefician de una descripción explícita de cómo

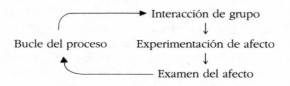

Figura 1. **La técnica del «aquí-ahora» en la psicoterapia grupal**

surgen diversas clases de problemas psicológicos a partir de sus relaciones con los demás (y de cómo se manifiestan en ellas), y de cómo la terapia de grupo es un escenario ideal en el que estudiar detenidamente las relaciones interpersonales.

Sin esta clase de preparación explícita, el método del «aquí-ahora» del grupo confunde a los pacientes. Después de todo, se han sometido a la terapia para abordar sentimientos disfóricos, tales como la ansiedad, la ira o la depresión. ¿Cómo no van a sentirse perplejos cuando se encuentran en un grupo en el que el terapeuta les pide que revelen sus sentimientos ante siete desconocidos? Para aliviar esta clase de confusión y para asegurar que los pacientes participan plenamente, se debe proporcionar algún tipo de puente cognitivo a los miembros. Esta clase de enseñanza permite también a los pacientes ver que el terapeuta enfoca la empresa de la terapia de grupo de forma racional y coherente.

Reforzar el método del «aquí-ahora»

Tras poner los cimientos del método del «aquí-ahora» durante la preparación pregrupal inicial, el líder sigue reforzando este enfoque durante toda la terapia. Los terapeutas de grupo experimentados piensan todo el tiempo «aquí-ahora» y se consideran a sí mismos pastores que mantienen al grupo ocupado «pastando» en las interacciones actuales. Todo aquel que se desvía hacia el pasado, la vida exterior o la intelectualización, debe ser devuelto suavemente al presente. Siempre que el grupo entable una discusión del tipo «allí-entonces» («Mi primer marido solía portarse conmigo de una manera realmente abusiva cuando bebía») el líder de grupo debe encontrar el modo de devolver a los miembros al «aquí-ahora»: «Ellie, ¿qué te ha hecho pensar en ello hoy en el grupo? ¿Tienes la sensación de que algunos de los hombres que están aquí no te tratan con tanta delicadeza como desearías?».

La primera sesión

El terapeuta ya empieza a conducir al grupo hacia el «aquí-ahora» en la primera sesión. Consideremos durante un momento el inicio de cualquier grupo de terapia. Por lo general, algún miembro pone las cosas en marcha al compartir con el grupo un problema o preocupación vital fundamental, así como las razones a las que se debe que ahora se encuentre en un grupo de terapia. Habitualmente, esa revelación engendra a un mismo tiempo apoyo y alguna forma similar de revelación por parte de los demás, y en un corto período de tiempo los miembros del grupo empiezan a compartir muchas cosas.

Para sumergir al grupo en el «aquí-ahora», el terapeuta de orientación interactiva puede intervenir durante la reunión haciendo comentarios como: «Este grupo ha empezado hoy bien. Muchos de vosotros habéis compartido algunas cosas importantes sobre vosotros mismos. Pero me pregunto si ha ocurrido algo más. [Y, por supuesto, el terapeuta sabe perfectamente bien que ha ocurrido algo más.] Cada uno de vosotros se ha visto en una habitación llena de desconocidos. No hay duda de que os habéis estado observando y de que os habéis evaluado unos a otros y os habéis formado una primera impresión». Llegado este punto, las personas del grupo están prestando gran atención y entonces el terapeuta fija la tarea del grupo: «Tal vez podamos dedicar hoy el resto de la reunión a discutir cuáles han sido vuestras primeras impresiones». O en un grupo de bajo rendimiento, más frágil, en el cual esta tarea abierta resultaría más amenazadora, una sugerencia alternativa podría ser: «Tal vez podamos compartir aquello que más nos ha gustado hasta ahora de la participación de los demás».

No se trata de intervenciones sutiles. Son instrucciones torpes y explícitas para iniciar el proceso de las interacciones del «aquí-ahora». No obstante, la gran mayoría de los grupos, con independencia de su composición u orientación, responden favorablemente a esta intervención. Incluso los grupos de pacientes hospitalizados pueden llevar a cabo esta tarea con considerable facilidad y provecho, si se fijan límites adecuados.

Animar a la autorrevelación durante el «aquí-ahora»

Los psicoterapeutas de grupo deben ser activos y diligentes si han de mantener la discusión del grupo en el «aquí-ahora». Deben trasladar el contenido del material del exterior del grupo hacia su interior, de la reflexión abstracta sobre los problemas hacia revelaciones específicas, de afirmaciones genéricas a la revelación personal. Si un paciente informa que tiene miedo de asistir a fiestas porque siempre dice cosas estúpidas, el terapeuta le puede preguntar qué cosas «estúpidas» ha dicho hoy en el grupo. Cuando una paciente afirma que le resulta embarazoso hablar de ciertas cosas en el grupo, el terapeuta le puede preguntar qué prevé que ocurriría si se arriesgase a hablar sobre algo «embarazoso». Si un paciente a quien preocupa la autorrevelación supone que los demás podrían reírse o emitir juicios, el líder pregunta: «¿Quién se reiría de ti en este grupo?». Una vez que el miembro del grupo revela cómo supone que reaccionarán los demás, la puerta está abierta para realizar un buen trabajo de interacción. Otros miembros del grupo pueden confirmar o, como sucede mucho más a menudo, cuestionar dichas suposiciones.

Identificar en el grupo un versión interna de sus problemas externos

Un principio básico a la hora de activar el «aquí-ahora» consiste en detectar la analogía, en el interior del grupo, de algún problema externo al grupo, y seguir trabajando sobre la analogía antes que sobre la situación externa. Si, por ejemplo, un paciente introduce el relato de una riña que ha tenido con su mujer, durante la cual ella lo ha acusado de ser insensible, el líder del grupo debe buscar algún tipo de manifestación de dicho conflicto en el «aquí-ahora». El terapeuta puede dirigir la atención del grupo hacia algunas reuniones recientes, en las cuales los miembros del grupo se han quejado de que el paciente no muestra realmente empatía con sus problemas. O bien puede pedir a algunas de las integrantes del grupo que imaginen estar casadas con dicho paciente. ¿Hasta qué punto pueden imaginarse que tendrían un estrecho contacto emocional con él? Sin una intervención de este tipo, el grupo gastará su energía en ayudar al paciente a resolver las razones que motivaron la pelea con su mujer, una manera extremadamente ineficaz de utilizar un grupo. Generalmente, cuando se les presentan datos incompletos o parciales, los grupos casi siempre se ven abocados a fracasar en el intento de resolver problemas exteriores, y los miembros acaban sintiéndose frustrados o desalentados.

Repercusiones interactivas del comportamiento interno del grupo

El terapeuta experimentado en el trabajo del «aquí-ahora» es capaz de emplear prácticamente cada incidente que se produce en el grupo como trampolín para realizar un examen interactivo. Si un paciente monopoliza el grupo con un relato intrincado de veinte minutos de duración sobre algún acontecimiento de su infancia, el líder debe intentar comprender los aspectos interactivos de esa conducta. Puede recordarle al paciente que, durante la primera sesión, dijo que con frecuencia tiene la impresión de que los demás no lo escuchan. «¿Sería posible –puede preguntar el terapeuta– que ésta fuese una de esas ocasiones?» Otra táctica podría consistir en plantear la cuestión de por qué elige el día de hoy para pronunciar este monólogo en el grupo. «¿Qué piensan los restantes miembros del grupo? ¿Podría estar relacionado con la sensación de haber sido malinterpretado en la sesión de la semana pasada?» O se puede animar al paciente a interrumpir su monólogo y a aventurarse a emitir una suposición sobre la forma de reaccionar de los demás ante aquello que él está diciendo en ese momento. Cualquiera de estos enfoques provoca el mismo efecto: conduce a los miembros del grupo desde un monólogo orientado al contenido en el que no pueden participar, a la discusión de las relaciones existentes entre los miembros.

Hacer que el «aquí-ahora» sea seguro y gratificante

Los individuos no participan de forma natural y fácil en el «aquí-ahora». Les resulta nuevo y atemorizador, especialmente a los muchos pacientes que no han mantenido previamente relaciones íntimas y sinceras, o que se han pasado la vida encubriendo ciertos pensamientos y sentimientos, como la ira, el dolor o la intimidad. El terapeuta debe ofrecer una gran cantidad de apoyo, refuerzo y entrenamiento explícitos. Un primer paso consiste en ayudar a que los pacientes comprendan que el foco del «aquí-ahora» no es sinónimo de enfrentamiento ni de conflicto. De hecho, a muchos pacientes la ira o la rabia no les causan problemas, pero sí la intimidad, así como la expresión sincera y no exigente o no manipuladora de sentimientos positivos. De acuerdo con esto, es importante que, durante la fase inicial del grupo, se anime a dar expresión a los sentimientos positivos así como a los sentimientos críticos.

El líder debe enseñar a los miembros del grupo cómo pedir y cómo ofrecer *feedback* útil que sea relevante para las interacciones del grupo a la vez que específico y personal. Las observaciones o las peticiones que no estén relacionadas con los problemas del «aquí-ahora» o que sean globales y abstractas —tales como «¿Qué debo hacer con las discusiones que tengo con mi novio?» o «Eres realmente una persona agradable» o «¿Soy una mujer interesante?»— nunca son útiles. Cuanto más específicos se muestren la cuestión o el *feedback,* tanto más útiles y potentes serán. Son mucho más útiles peticiones como «Me gustaría estudiar por qué choco continuamente con los hombres de este grupo» o *feedbacks* como el siguiente: «Cuanto más me interesas y más cerca me siento de ti, más compartes tu dolor conmigo; pero, cuando te presentas a ti mismo como muy equilibrado y como si no necesitaras al grupo, me distancio».

Comprender el «aquí-ahora»

La segunda fase del método del «aquí-ahora» exige un conjunto de funciones y técnicas completamente diferentes por parte del terapeuta. Si la primera fase requiere activar y sumergir al grupo en su experiencia afectiva inmediata, la segunda fase exige reflexión, explicación e interpretación. Esta fase del trabajo de grupo se designa como proceso grupal. Si varios individuos participan en una discusión, el contenido de ésta es evidente: consiste en las palabras pronunciadas y los temas de peso abordados. Pero el proceso de la discusión es totalmente distinto. El proceso hace referencia a cómo se expresa dicho contenido y a qué revela acerca de la naturaleza de la relación que une a los individuos que mantienen dicha discusión.

Ocuparse del proceso grupal

El terapeuta de grupo siempre debe ocuparse del proceso comunicativo que se establece en un grupo, debe escuchar la discusión de grupo analizando de qué forma las palabras intercambiadas arrojan luz sobre las relaciones que se establecen entre los participantes. Consideremos, por ejemplo, a una paciente que revela repentinamente en el grupo que su padrastro abusó de ella cuando era una niña. Los miembros, probablemente, investigarán una relación más «vertical»: preguntarán detalles sobre los abusos, sobre su duración, qué papel representó su madre y si ello ha afectado a sus relaciones con los hombres.

A un psicoterapeuta orientado hacia el proceso le preocupa más la revelación «horizontal» (esto es, la revelación sobre la revelación) y, por lo tanto, se ocupará de los aspectos relacionales y del «aquí-ahora» de la revelación. El líder considerará temas como: ¿por qué nos ha hecho hoy Betty esta revelación en vez de cualquier otro día? ¿Qué le ha permitido correr hoy este riesgo? ¿Qué le impidió contárnoslo antes? ¿Cómo prevé ella que va a responder el grupo? ¿Qué reacción preocupa más?

El reconocimiento del proceso forma parte del arte de la psicoterapia y requiere un largo aprendizaje. Para comprender un proceso, se deben registrar continuamente todos los datos disponibles: ¿quién elige ciertos asientos? ¿Quién llega siempre tarde? ¿A quién miran los miembros cuando hablan entre sí? ¿Quién se reúne con quién al término de la reunión? ¿Cómo cambia el grupo cuando falta un miembro concreto?

Algunos de los datos de más valor son las propias reacciones del terapeuta, y éste debe utilizarlas. Si el terapeuta se siente impotente, frustrado o aburrido durante una sesión grupal, es muy probable que muchos de los demás miembros se sientan de la misma manera. Del mismo modo, cuando el líder se siente atraído o entusiasmado por las interacciones grupales, ello es con frecuencia signo de una reunión fructífera en la que se ha realizado un buen trabajo.

Reconocer las tensiones grupales básicas

Con objeto de reconocer y comprender el proceso en el seno del «aquí-ahora», el terapeuta no debe olvidar que ciertas tensiones están hasta cierto punto presentes en cualquier grupo de terapia. Una de las fundamentales es la lucha por el dominio. Otras incluyen conflictos grupales básicos a los que se enfrentan todos los miembros:

1. El conflicto entre la competición entre iguales y la necesidad de apoyo mutuo.

2. El conflicto entre el egoísmo y el deseo de ayudar a otra persona.

3. El conflicto entre el deseo de meterse de lleno en el seno reconfortante del grupo y el miedo a perder la propia y valiosa autonomía.

El terapeuta que es capaz de reconocer y demostrar estas tensiones básicas cuando se manifiestan en el grupo, puede mantener al grupo en un clima de trabajo eficaz. Como ejemplo clínico, tomemos a un joven seductor que se expresaba muy bien y que estaba disfrutando mucho de su papel de miembro dominante del grupo. Cuando un hombre mayor, enérgico y triunfador, ingresó en el grupo como nuevo miembro, el joven, gradualmente, se volvió retraído, deprimido y, poco después, anunció su intención de abandonar el grupo. Hasta que el terapeuta llamó su atención sobre la lucha por el dominio, el paciente no empezó a analizar algunos de los sentimientos de competencia y envidia que sentía hacia el nuevo miembro.

Procesos de grupo masivos

En ocasiones, se plantean situaciones en las que todo el grupo se ve dominado por una emoción contagiosa, que influye poderosamente en el trabajo de grupo, incluso hasta el punto de ahogar la dinámica individual. Ya hemos descrito dos casos de esa clase: la presencia de un miembro agudamente psicótico, una circunstancia que puede situar a todo el grupo en una posición de indefensión y dependencia; y la eliminación de un miembro que presenta una conducta desviada, que puede dar como resultado un grupo preocupado o que oponga resistencia.

Wilfred Bion elaboró un modelo que algunos terapeutas de grupo encuentran útil a la hora de comprender los procesos de grupo masivos. Bion describió tres estados emocionales básicos, recurrentes en los grupos-masa:[6]

1. El *emparejamiento* se produce cuando el grupo se encuentra en un estado de expectación optimista o esperanzado. Con frecuencia, los miembros del grupo se emparejan prestándose apoyo, y actúan como si su meta fuese preservar el grupo encontrando la fuerza o un nuevo líder entre sus compañeros de grupo.

2. La *dependencia* ocurre cuando un grupo se encuentra en un estado de indefensión o temor. Los miembros actúan como si su meta fuese obtener apoyo, cuidados y fuerza de alguien que no sea un compañero de grupo, generalmente del líder designado.

3. La *lucha-huida* tiene lugar cuando un grupo se encuentra en un estado agresivo, hostil o temeroso. En este caso, los miembros actúan como si su meta fuese evitar algo en el grupo, bien entrando en conflicto o bien evitando la tarea que tienen entre manos.

Las fases de desarrollo de un grupo influyen en los estados o procesos de grupo masivos que pueden encontrarse en un momento dado. Por ejemplo, un grupo de reciente formación de pacientes externos de alto rendimiento funcionó bien durante las 16 primeras sesiones e inició un examen productivo, aunque amenazador, del conflicto y enfrentamiento que tenía lugar entre los miembros. Cuando un nuevo paciente, una joven y seductora mujer, competitiva y vagamente agresiva, fue introducida en el grupo, los miembros aumentaron repentinamente su cohesión y olvidaron todas sus diferencias y conflictos. Y todo ello en contraste con sesiones anteriores, en las que el grupo había absorbido dos nuevos miembros, sin que apenas se produjera una reacción, e inmediatamente los había implicado en la cómoda tarea inicial de establecer la cohesión grupal.

Dos tipos de procesos de grupo masivos actúan como obstáculos para el progreso del grupo en su totalidad:

1. Aquellos que implican temas cargados de ansiedad
2. Aquellos que implican normas grupales antiterapéuticas

En los primeros se plantea un tema que resulta tan amenazador para el grupo, ya sea en el nivel consciente o bien en el inconsciente, que éste se niega a enfrentarse abiertamente al problema, y en su lugar emprende una acción evasiva que se designa como huida en grupo:

Ejemplo de caso

En un grupo de apoyo dinámico y cohesivo para estudiantes femeninas de la Facultad de Económicas se produjo un cambio repetino en el liderazgo cuando una de las coterapeutas –una residente de psiquiatría– se trasladó debido a cuestiones de rotación, sin avisar al grupo con la suficiente antelación. Tras dos reuniones, las participantes se pasaron toda una sesión hablando sobre enfermedades graves que se habían producido en sus familias, sobre la defunción reciente de abuelos y sobre la pérdida, en el pasado, de familiares cercanos y amigos. Se produjo una gran cantidad de emociones espontáneas y dos miembros, que generalmente eran reservadas, lloraron al recordar la muerte de un abuelo querido. No hubo ninguna mención del cambio producido en el liderazgo del grupo y, cuando las nuevas coterapeutas intentaron sacar a relucir ese tema, las integrantes del grupo se dedicaron con redobladas energías a contar historias de su vida exterior.

El otro proceso masivo que bloquea el trabajo de grupo es la creación de normas grupales antiterapéuticas. En el extremo, ello incluye el desarrollo de una grave contradependencia, es decir, un grupo que se resiste a seguir cualquier sugerencia o interpretación del terapeuta. Como sucedía en el ejemplo clínico anterior, el proceso que consiste en presentar resistencia a la interpretación está frecuentemente entrelazado con el deseo del grupo de evitar enfrentarse con temas cargados de ansiedad. Por ejemplo, en un grupo airado y organizado de estudiantes de medicina, los miembros rechazaron *en masse* las sugerencias del líder acerca de que parte de su ira provenía de temores personales ante la muerte, la impotencia y el deterioro: «Todas esas cosas no nos trastornan; lo que nos disgusta es la forma tan arrogante en la que los residentes con quienes trabajamos actúan con sus pacientes más desvalidos».

Los grupos también pueden desarrollar la norma opuesta, aunque igualmente antiterapéutica, de una dependencia extrema, una situación en la que los líderes se consideran figuras mágicas y potencialmente peligrosas, y en la que el grupo los imbuye sistemáticamente de un poder poco realista y se niega a tratarlos como seres humanos reales. O bien un grupo puede elaborar reglas que vayan en contra del reconocimiento o del desarrollo de tensión entre los miembros. En un grupo de apoyo para padres solteros, por ejemplo, la cultura del grupo se caracterizaba por la sensibilidad y la deferencia extremas; el grupo en su totalidad no sólo suprimía toda diferencia de opinión o conflicto que surgiera entre los miembros, sino que impedía a los miembros reconocer o identificar sus gustos y preferencias personales.

El terapeuta debe decidir cuándo subrayar los aspectos interpersonales de una interacción y cuándo hacer hincapié en el proceso de grupo masivo. Por lo general, cada vez que se plantea una cuestión crítica para la existencia o el funcionamiento terapéutico de todo el grupo, debe realizarse una intervención de grupo masiva. El terapeuta describe ante el grupo el proceso que observa, empleando uno de los dos enfoques siguientes:

1. Identificando y etiquetando específicamente la resistencia del grupo, es decir, emitiendo un comentario específico sobre la existencia o naturaleza de un proceso masivo que impide al grupo ocuparse de la verdadera cuestión que tiene entre manos (por ejemplo, al comentar el modo en que la tristeza por la muerte de un abuelo/a puede simbolizar la tristeza debida a la pérdida de una terapeuta en el grupo para estudiantes femeninas de Económicas).

2. Señalando las consecuencias que conlleva la resistencia, es decir, al observar que el proceso de grupo masivo actual puede ejercer un efecto perjudicial sobre varios miembros del grupo o sobre el grupo en su totalidad («Creo que Anna y Lynne tienen que examinar algo que parece ser una diferencia de opinión muy real, pero la gente sigue cambiando de tema. De alguna manera, hemos creado un grupo en el que nos resulta imposible hablar constructivamente sobre nuestras diferencias»).

Las interpretaciones de grupo masivas no son sino un aspecto menor del papel terapéutico del líder de grupo. De hecho, la investigación ha demostrado que los terapeutas que limitan sus observaciones tan sólo a comentarios de grupo masivos son inútiles. Las intervenciones realizadas sobre el grupo en su totalidad no fomentan tanto el autoexamen o la interacción interpersonal como las intervenciones realizadas sobre un individuo o una díada.[7-8]

UTILIZAR LA TRANSFERENCIA Y LA TRANSPARENCIA

La transferencia que los diferentes miembros del grupo desarrollan hacia el líder es un poderoso acontecimiento de gran potencial terapéutico: todos los demás miembros del grupo pueden examinar y evaluar la reacción poco realista o estereotipada de un miembro hacia el líder. Además, el terapeuta puede utilizar la transparencia –su propia reacción, franqueza y sinceridad– para responder a los miembros y para esclarecer las expectativas y reacciones poco realistas del grupo.

Transferencia en el grupo de psicoterapia

Una fuente realista de intensos sentimientos hacia el líder de grupo es la que se basa en la apreciación, intuitiva o explícita por parte de los miembros, del gran poder que ejercen los terapeutas de grupo. La constante presencia e imparcialidad del terapeuta son esenciales para la supervivencia y estabilidad del grupo. No se lo puede deponer. Puede añadir nuevos miembros, expulsar a miembros antiguos y movilizar una enorme presión grupal en torno a cualquier tema que desee.

Sin embargo, los miembros del grupo contemplan asimismo a los terapeutas bajo una luz poco realista. La verdadera transferencia o sublimación del afecto que se sentía por un objeto anterior, digamos alguna figura paterna temprana, es una de las fuentes. Las actitudes conflictivas frente a la autoridad –por ejemplo, dependencia, autonomía, rebelión– personificadas en el líder, son otra. Y aún hay otra fuente: la tendencia del paciente a imbuir a los psicoterapeutas de rasgos sobrehumanos, tales como una sabiduría definitiva sobre la naturaleza humana, con el fin de utilizarlos como escudos contra la ansiedad existencial.

Evitar hacer excesivo hincapié en la transferencia

La verdadera transferencia, entendida en términos psicodinámicos, tiene lugar en los grupos de psicoterapia. De hecho, es muy poderosa e influye radicalmente en el carácter de las interacciones grupales. Pero, así como en cualquier grupo hay pacientes cuya terapia pivota sobre la resolución de la distorsión de transferencia, también habrá muchos otros cuya mejoría dependa del aprendizaje interpersonal que no proviene del trabajo de transferencia realizado con el terapeuta, sino del trabajo orientado hacia los compañeros de grupo realizado con otro miembro sobre temas tales como la competencia, la explotación o los conflictos sexuales e íntimos.

Algunos terapeutas, especialmente los de orientación psicoanalítica tradicional, subrayan demasiado la transferencia y sólo realizan intervenciones de este tipo. Por ejemplo, planteada la elección entre concentrarse en la relación entre dos miembros o entre un miembro y él mismo, el terapeuta siempre elegirá la última opción. O bien interpretará siempre la relación entre dos pacientes basándose en aquello que más lo afecte, es decir, en el hecho de que dos miembros que se apoyan mutuamente están intentando excluir al terapeuta, suscitar celos o probar que pueden arreglárselas sin él. Si los terapeutas sólo ven los aspectos de transferencia del grupo, no conseguirán fomentar el estudio de muchas otras interacciones significativas. Tampoco conseguirán relacionarse verdaderamente con muchos de los miembros del grupo.

Los terapeutas de grupo deben hacer un buen uso de cualquier actitud irracional o poco realista adoptada hacia ellos mismos, sin descuidar, al mismo tiempo, sus muchas otras funciones en el grupo. Para trabajar eficazmente con la transferencia, los terapeutas deben ayudar a los pacientes a reconocer, comprender y cambiar sus reacciones distorsionadas. Existen dos enfoques fundamentales para resolver la transferencia en la terapia de grupo: la validación consensuada y la transparencia del terapeuta.

Validación consensuada

En la validación consensuada, el terapeuta anima al paciente a que compare sus impresiones de un acontecimiento que ha tenido lugar en el grupo con las de los demás miembros. Por ejemplo, si todos los miembros del grupo están de acuerdo con la opinión del paciente acerca de que el terapeuta tiende al enfrentamiento y es autocrático, entonces, o bien la reacción de este paciente ante el terapeuta procede de fuerzas globales del grupo que están relacionadas con el papel del líder, o bien la reacción es más bien realista, y el paciente está percibiendo al terapeuta de forma muy exacta. También los terapeutas tienen puntos débiles.

Si, por otro lado, sólo un miembro del grupo tiene una opinión concreta sobre el terapeuta, entonces se lo puede ayudar a estudiar la posibilidad de que esté viendo al terapeuta de grupo, y tal vez también a otras personas, a través de un prisma interno distorsionador. La validación consensuada permite a los pacientes reconocer el modo idiosincrásico con el que imbuyen al terapeuta de características que otros miembros del grupo no perciben.

La transparencia del terapeuta

Los terapeutas de grupo deben aprender a responder a sus pacientes fielmente, a compartir sus sentimientos de una manera juiciosa y responsable, y a admitir o refutar motivos y sentimientos que se les atribuya. En otras palabras, deben estudiar sus propios puntos débiles y demostrar respeto hacia el *feedback* que les ofrecen los miembros del grupo. Como ejemplo clínico, digamos que un estudiante de ingeniería muy pendenciero, que participaba en un grupo de apoyo para estudiantes, acusó a una de las terapeutas, cuando ésta le pidió que compartiera algunas reacciones con uno de sus compañeros de grupo, de tender en exceso al enfrentamiento y de ser demasiado impaciente. El estudiante afirmó que la terapeuta había actuado de esa manera debido a sus sentimientos de aburrimiento y superioridad ante el grupo. Como respuesta, la terapeuta recordó diplomáticamente a dicho estudiante su costumbre de entrar en conflicto con las figuras de la autoridad, pero también admitió que anteriormente había recibido con frecuencia *feedback* acerca de su impaciencia. Era cierto que el ritmo excesivamente prudente del discurso grupal la había hecho sentirse impaciente, y tal vez se había mostrado excesivamente activa. Cuando los terapeutas demuestran esta clase de transparencia personal, a los miembros les resulta cada vez más difícil mantener sus opiniones o estereotipos ficticios acerca de los líderes del grupo.

Objeciones a la transparencia del terapeuta

La objeción primordial a la transparencia del psicoterapeuta se basa en la opinión psicoanalítica tradicional de que el factor terapéutico principal de la psicoterapia es la resolución de la transferencia entre paciente y terapeuta. Sin embargo, en la psicoterapia de grupo otros factores terapéuticos tienen la misma o mayor importancia, y el terapeuta debe emplear juiciosamente su propia persona durante el tiempo real del grupo para propiciar el desarrollo de esos otros factores. Al modelar la transparencia interpersonal, el terapeuta atiende a la configuración de las normas, a la activación del «aquí-ahora» y a la iluminación del proceso. Al descentralizar su posición en el grupo por medio del empleo de la transparencia, el terapeuta acelera el desarrollo de la autonomía y de la cohesión grupales.

Los terapeutas que están acostumbrados a mantener una posición autoritaria respecto a sus pacientes, especialmente los médicos formados en el modelo médico, temen perder poder o el respeto de los miembros del grupo a medida que revelen sus reacciones. Imaginan que, si desvelan una parte de sí mismos, sus pacientes perderán la fe en ellos o los ridiculizarán. El terapeuta con una cierta experiencia personal de la terapia de grupo sabrá reconocer la falsedad de esta opinión.

Otra de las objeciones que plantean los terapeutas a la autorrevelación personal es el temor a la escalada, a que, una vez que ellos se autorrevelen, el insaciable grupo exija aún más. Pero una serie de poderosas fuerzas en el seno del grupo se oponen a esta tendencia: aunque los miembros sienten una enorme curiosidad por su líder de grupo, desean asimismo que el terapeuta permanezca desconocido y omnipotente. Al tiempo que todos aprecian su sinceridad personal y el responsable *feedback* que fomenta el crecimiento, muy pocos esperan o desean detalles sobre los problemas personales del terapeuta.

Pautas para la utilización de la transparencia

La transparencia del terapeuta se puede abordar de muy distintas maneras, dependiendo de su estilo personal y de sus metas con respecto al grupo en un momento concreto. Se puede obtener una pauta importante preguntándose a sí mismo cuál es el fin de la autorrevelación en un momento dado del grupo: «¿Estoy intentado facilitar la resolución de la transferencia? ¿Estoy fijando un modelo en el intento de crear normas terapéuticas? ¿Estoy intentando ayudar al aprendizaje interpersonal de los miembros al trabajar sobre la relación que mantienen conmigo? ¿Estoy intentando ayudar y demostrar que acepto a los miembros diciendo, en efecto, "Te valoro y te respeto y te lo demuestro dando algo de mí mismo?"». El terapeuta debe calibrar en todo momento si la transparencia está en consonancia con otras tareas de la terapia de grupo.

La interacción terapeuta-paciente y la transparencia

Siempre que tiene lugar una interacción entre el terapeuta y el paciente, especialmente si implica *feedback* del paciente hacia el terapeuta, el terapeuta debe estar preparado para emprender una autorrevelación juiciosa. Si, por ejemplo, una joven anoréxica excesivamente servil se pregunta si el líder del grupo está enfadado con ella por haber faltado a una sesión, el terapeuta puede responder indicando que sí, que se ha preocupado, y que también se siente algo irritado porque no le advirtió de su ausencia. Puede continuar examinando las repercusiones y el significado de sus reacciones con la paciente y con el resto del grupo: ¿qué siente al enterarse de su irritación? ¿Es esto lo que esperaba la paciente o no parece razonable? ¿Esperaba una parte de ella fastidiar al terapeuta? ¿Qué sienten los otros miembros del grupo acerca de la ausencia de la paciente? ¿Quiere ofrecer alguien más en el grupo *feedback* al líder acerca de sus reacciones?

Cuando el terapeuta recibe *feedback* de los miembros del grupo, debe considerar tres principios generales:

1. El terapeuta debe tomarse en serio el *feedback* prestando atención, tomándolo en consideración y respondiendo directamente.

2. El terapeuta debe obtener validación consensuada: ¿cómo se sienten los otros miembros? ¿Es el *feedback,* sobre todo, una reacción de transferencia o se corresponde estrechamente con la realidad tal como lo confirma la mayoría de los miembros del grupo? Si se basa en la realidad, el terapeuta debe confirmarlo abiertamente: «Sí, creo que tienes razón al observar que te respondí con brusquedad. También otros han notado que he estado irascible esta pasada semana».

3. El terapeuta debe comparar el *feedback* con su propia experiencia interna: ¿encaja? ¿Puede aprender algo importante de él? Una líder a quien los miembros le dicen que da la impresión de ser algo distante puede encontrar que ello encaja, de hecho, con sus sentimientos respecto al grupo. Comprender esos sentimientos puede proporcionar lecciones importantes para su futuro trabajo terapéutico.

El papel del terapeuta se va transformando durante la existencia de cualquier grupo interactivo relativamente estable, y también en muchos de los grupos más especializados de larga duración (tales como un grupo de recuperación de larga duración para alcohólicos o un grupo de apoyo en curso para enfermeras que trabajan en una unidad de cuidados intensivos). Al principio, los terapeutas se ocupan de todas las funciones necesarias para la formación del grupo y del desarrollo de un sistema social en el que operen los factores terapéuticos. Los terapeutas también se dedican a la activación y el esclarecimiento del «aquí-ahora», para que pueda tener lugar un aprendizaje interpersonal adecuado. Gradualmente, sin embargo, el terapeuta pasa a interactuar con el grupo como un miembro sincero y autorrevelador, y resulta más difícil mantener los primeros estereotipos que los pacientes le habían asignado.

UTILIZAR AYUDAS DE PROCEDIMIENTO

La utilización de ayudas de procedimiento puede ampliar el repertorio instrumental terapéutico de un líder de grupo. Se trata de técnicas especializadas que tal vez no sean esenciales, pero que facilitan el curso de la terapia. Éstas incluyen el empleo de resúmenes escritos, de grabaciones en vídeo y de ejercicios estructurados. La utilidad potencial de estas ayudas de procedimiento depende en gran medida del tipo de grupo de terapia que se esté estudiando.

Resúmenes escritos

El empleo de resúmenes escritos facilita el desarrollo de la mayoría de los grupos de terapia para pacientes externos, especialmente de los grupos de orientación interactiva.[4-5] Tras cada reunión, el terapeuta de grupo dicta una descripción franca y concisa de la sesión grupal, y al día siguiente envía una transcripción (de aproximadamente dos o tres páginas escritas a un espacio) a los miembros del grupo. Estos resúmenes proporcionan un contacto adicional con el grupo entre las sesiones.

Metas

El resumen cumple varias funciones. Proporciona la comprensión de los sucesos del «aquí-ahora» que tienen lugar en el grupo y facilita la integración de intensas experiencias afectivas. Etiqueta las sesiones como buenas o pasivas, observa y recompensa los logros de los pacientes, y prevé desarrollos indeseables del grupo, minimizando así su impacto. Crea la cohesión grupal al destacar las similitudes entre los miembros, al subrayar las expresiones de afecto u otras emociones positivas, y al proporcionar la continuidad de una reunión a otra.

El resumen es un foro ideal para llevar a cabo interpretaciones, bien para la repetición de interpretaciones realizadas durante la sesión (que pueden haber caído en saco roto si se han presentado en medio de una disputa) o para nuevas interpretaciones que se le han ocurrido al terapeuta tras la reunión. Los resúmenes también son un medio adicional para la transparencia del terapeuta. Lo más importante es que los resúmenes infunden esperanza a los pacientes al ayudarlos a darse cuenta de que el proceso grupal sigue un orden y de que los terapeutas tienen un sentido coherente del desarrollo del grupo a largo plazo.

Rasgos generales

Aunque los resúmenes raramente se utilizan, los pacientes se muestran unánimes a la hora de evaluar positivamente esta técnica. La mayoría de ellos esperan impacientes la llegada por correo del resumen semanal, lo leen y reflexionan seriamente sobre él. Muchos releen los resúmenes varias veces y casi todos los archivan para darles otro repaso. Se profundizan la perspectiva y el compromiso terapéuticos del paciente. Se refuerza la relación entre el paciente y el terapeuta. No se producen complicaciones de transferencia ni violaciones de la confidencialidad ni otras consecuencias negativas.

Los resúmenes semanales deben hablar sincera y sencillamente sobre el proceso de terapia en el grupo. Son prácticamente idénticos a los resúmenes que los terapeutas escriben para sus propios archivos y se basan en el supuesto de que cada paciente es un pleno colaborador en el proceso terapéutico, y de que la desmitificación no debilita, sino que, al contrario, refuerza la psicoterapia. La orientación del material en el resumen refleja la orientación terapéutica del grupo. En un grupo de interacción de larga duración, el resumen se centra en las transacciones interpersonales que han tenido lugar en la reunión y en las reflexiones que el terapeuta realiza sobre algunas de las dinámicas y repercusiones de dichas transacciones. En un grupo de tiempo limitado para pacientes externos que se fija metas más modestas, el método de los resúmenes es completamente distinto. En un grupo para cónyuges en duelo, por ejemplo, los resúmenes tienen un mayor carácter descriptivo y subrayan el modo en que algunos de los pacientes afrontan los problemas que conlleva el proceso de duelo: la soledad, el cambio de rol social, la disposición de los efectos del cónyuge fallecido, el enfrentamiento con cuestiones existenciales (muerte, soledad, sentido de la vida, arrepentimiento). En las páginas 115-116 proponemos varios ejemplos de resúmenes de dos tipos de grupo distintos.

Grabaciones en vídeo

Algunos terapeutas convierten la grabación en vídeo en una de las características centrales de la terapia. Se encargan de que se contemplen ciertos segmentos durante una reunión u organizan sesiones programadas con regularidad para ver las grabaciones. A otros esta técnica les parece valiosa, pero prefieren utilizarla como recurso pedagógico o, en ocasiones, como ayuda auxiliar en el proceso terapéutico.[9-10]

Aunque el *feedback* que proporcionan los demás sobre el comportamiento de uno mismo es importante, nunca es tan convincente como la información que uno descubre por sí mismo. Desde este punto de vista, el vídeo proporciona un potente *feedback* de primera mano. Verse a uno mismo en vídeo por primera vez resulta a menudo una experiencia significativa que cuestiona radicalmente la imagen que se tiene. No es infrecuente que el paciente recuerde repentinamente el *feedback* previo que ha recibido de otras personas. Con gran sorpresa, se dan cuenta de que el grupo ha sido sincero y de que, en todo caso, se ha mostrado excesivamente protector en enfrentamientos anteriores.

La decisión del terapeuta respecto a utilizar grabaciones en vídeo como ayuda regular de procedimiento depende en gran parte del enfoque y de las metas del grupo que tenga entre manos. Por ejemplo, los terapeutas que se encuentran en un programa intensivo de tratamiento de terapia de grupo para

(continúa en la pág. 116)

Ejemplos de resúmenes escritos tomados de sesiones de terapia de grupo

I. Grupo para cónyuges en duelo: limitado en el tiempo (ocho sesiones), composición cerrada

Primera sesión

[...] Tras pasar cierto tiempo aprendiendo los nombres de cada uno, pedimos a los miembros que nos contaran algo sobre sí mismos y por lo que habían pasado. Les dijimos que se detuvieran cuando se sintieran incómodos y que no revelaran ningún recuerdo que ahora les resultase demasiado doloroso. Janet inició las presentaciones contándonos su historia. Estuvo casada durante tres años y su marido murió de leucemia hace cuatro meses. Lo cuidó mucho, pero también trabajaba. El período posterior a su muerte fue muy duro. Una de sus tentaciones fue buscar una nueva relación inmediatamente.

[...] Al final de la reunión les pedimos que nos dijeran qué les había parecido haber tenido que presentarse ante el grupo. Ellen estaba sorprendida de haber podido hablar más de lo que había pensado que sería capaz. Bob nos dijo que se sentía preocupado por el grupo porque el hablar sobre su duelo desentierra mucho dolor. Hablamos brevemente sobre las ventajas de volver la mirada hacia el interior, hacia nuestros sentimientos, frente a la actitud de intentar distraernos a nosotros mismos. Aunque resulta doloroso observar la tristeza de nuestros sentimientos con demasiada intensidad durante demasiado tiempo, en última instancia resulta necesario que nos examinemos plenamente, con el fin de poder vivir con nosotros mismos. [...]

Octava sesión

Ha sido una reunión muy participativa durante la cual se ha realizado un buen trabajo y en la que se ha hablado abiertamente sobre muchos temas dolorosos. También ha sido nuestra última reunión y hemos tratado ampliamente el final de las sesiones. [...]

Empezamos hablando sobre el arrepentimiento y de si los miembros del grupo lamentaban no haber dicho cosas que deseaban haber dicho. Ello provocó en Janet y Ellen el arrepentimiento de no haberse comunicado con sus maridos tan plenamente como hubiesen deseado al final de la enfermedad de ellos.

[...] Examinamos la cuestión de cómo rebajar la presión si uno se siente culpable de algo. Ellen dijo que lamentaba no haberse mostrado más expresiva en el grupo. Nosotros señalamos que, de hecho, desde el principio le había resultado difícil hablar en el grupo. Pero a lo largo de las ocho semanas habló con creciente franqueza y confianza. Aunque no puede cambiar el pasado, está aceptando este trágico duelo que ha ocurrido en su vida e intentando aprender de él y cambiar su futuro. Dentro de cinco años, cuando mire hacia atrás y se dé cuenta del grado de expresividad de sentimientos que habrá alcanzado con sus hijos y amigos íntimos, no tendrá ya ninguna razón para lamentar su comportamiento. [...]

II. Grupo de interacción de larga duración: duración ilimitada, composición abierta (mantenida en ocho miembros)

Decimosexta sesión

La sesión de hoy ha sido intensa y sincera. Da la impresión de ser un punto de inflexión a partir del cual se puede empezar a explorar cuestiones más profundas. [...]

Alan empezó contando al grupo que había leído un artículo sobre hijos adultos de alcóholicos y que se preguntaba si esa clase de organización no sería más adecuada para él, y si debía o no debía dejar el grupo. Recibió mucho *feedback* sobre esta cuestión. Sophia se ha dado cuenta de que Alan se ha acercado a los integrantes del grupo y se pregunta si está pensando en abandonar el grupo porque ello lo atemoriza. Más tarde, al hablar sobre las vacaciones, Alan sólo mencionó el lado bueno. Irv le preguntó si obedecía a una orden interior respecto a no quejarse nunca. Alan contestó afirmativamente y dijo haberlo aprendido cuando era niño. Tras ello pudo compartir algunos de los aspectos solitarios e insatisfactorios de sus vacaciones. Muchos de los miembros se sintieron entonces realmente en contacto con Alan. Bill dijo que, por primera vez, había sentido algo de verdadera empatía con él, y no el rechazo que provocan sus aires de «profesor». Alan ha trabajado hoy muy duro en el grupo, y parecía apreciar el contacto que ha establecido con otros miembros. Esperamos que cuando reflexione sobre ello no le resulte demasiado íntimo ni le produzca miedo. [...]

Hoy, Mary se ha mostrado sorprendente y realmente conmovedora. Adoptó una firme postura en el grupo, en vez de desempeñar su acostumbrado papel conciliatorio y de apoyo. Otro gran cambio ha consistido en que ha compartido algunos recuerdos dolorosos de su infancia, algo que sabemos le resulta difícil. Irv la presionó un poco más y tomó conciencia de algunos sentimientos de tristeza y vergüenza. Más tarde, Irv y Sophia se preguntaron por qué esa clase de sentimientos surgen con tanta frecuencia al final de las sesiones, cuando ya no queda tiempo para analizarlos. [...]

---

pacientes que padecen enfermedades funcionales (somatizantes) se basan en el repaso de sesiones grabadas en vídeo para fomentar una imagen más clara de la autopresentación.[11]

Por lo general, la reacción inicial de los pacientes al ver las grabaciones es preocuparse por el atractivo físico y por los gestos. En las siguientes sesiones de visionado, los pacientes empiezan a prestar una atención más cuidadosa a sus interacciones con los demás, a su retraimiento o timidez, a la preocupación por sí mismos, a su actitud distante o a su hostilidad. A menudo se produce un momento de profunda comprensión: los pacientes observan por primera vez y con sus propios ojos su comportamiento general, así como el impacto que tienen sobre los demás.

Los pacientes que van a ver la grabación, por lo general se muestran abiertos a la sugerencias de realizar grabaciones en vídeo. Sin embargo, con frecuencia los preocupa la confidencialidad y necesitan que se los tranquilice sobre esta cuestión. Si la cinta de vídeo van a verla otras personas que no son miembros del grupo (por ejemplo, estudiantes, investigadores o supervisores) el terapeuta debe ser explícito acerca de la finalidad del visionado y sobre la identidad de los espectadores, y debe conseguir la autorización por escrito de todos los miembros.

Ejercicios estructurados

El término «ejercicios estructurados» designa las muchas actividades de grupo en las que los miembros siguen un conjunto específico de órdenes, dictadas generalmente por el líder. Esta clase de ejercicios desempeñan un papel más importante en los grupos de terapia especializados y de breve duración que en los grupos generales de larga duración para pacientes externos.[4, 5, 12]

Finalidad

Las razones exactas del procedimiento varían, pero, en general, los ejercicios estructurados deben ser recursos de aceleración. Algunos de ellos (una ronda de presentaciones o procedimientos de calentamiento) evitan los primeros pasos, incómodos y vacilantes, del grupo. Otros aceleran la interacción al asignar unas tareas a los individuos que evitan el comportamiento social prudente y ritualizado (por ejemplo, hacer que los miembros de un nuevo grupo formen parejas y cada uno describa brevemente a su compañero; luego hacer que cada miembro presente a su compañero ante todo el grupo). Otras técnicas aceleran el trabajo individual al ayudar a los miembros a reconocer las emociones reprimidas, a examinar las partes desconocidas de sí mismos o a ocuparse de las sensaciones físicas. El cuadro 1 contiene ejemplos de ejercicios estructurados.

Un ejercicio estructurado puede exigir sólo unos minutos o puede agotar una reunión entera. Aunque el ejercicio puede ser de carácter predominantemente verbal o no verbal, siempre existe un componente verbal, ya que gene-

(continúa en la pág. 119)

CUADRO 1. **Ejemplos de ejercicios estructurados en los grupos de psicoterapia**

Se pide a los miembros que formen parejas. Cada persona se describe a sí misma ante su compañero durante unos minutos. El grupo vuelve a formarse. Entonces cada miembro del grupo presenta a su compañero ante el grupo y *habla en nombre* de su compañero describiendo sus características personales, una breve biografía, sus gustos y aversiones, sus aspiraciones, etcétera. Más tarde, los miembros examinan qué se siente al describirse a sí mismo detalladamente a otra persona, y cuando dicha persona comparte seguidamente esa descripción con el grupo. (**Grupo para personas que abusan de sustancias: recuperación en curso**)

Se pide a cada miembro del grupo que traiga una foto en la que aparezca al menos junto a otra persona. Cada persona describe por turnos qué tiene de especial dicha foto, mientras los miembros del grupo se la van pasando. Se anima a otros miembros del grupo a que compartan sus reacciones. (**Grupo de hospital de día**)

Se entrega lápiz y papel a los miembros y se les pide que escriban su propia necrología. ¿Cómo les gustaría ser recordados? ¿Cuáles consideran que han sido los logros perdurables en su vida? Después los participantes leen sus «necrológicas» en voz alta ante el grupo, y se ofrecen *feedback* unos a otros. (**Grupo de duelo; taller sobre el hecho de morir y la muerte**)

Un miembro del grupo («el interrogador») abandona la sala de reunión. Mientras se encuentra fuera, el grupo selecciona a una persona que será el «sujeto». El interrogador vuelve a la sala e intenta adivinar la identidad del sujeto por medio de tres preguntas. Las tres preguntas tienen que ser del tipo: «Si esta persona fuese un ... (flor, animal, coche o cualquier otra categoría de objetos), ¿de qué clase sería?». Cada miembro, el sujeto inclusive, debe responder a la pregunta cuando le toque (por ejemplo, «Esta persona sería un lirio»), sin revelar la identidad del sujeto. Cuando finaliza el turno de respuestas a las tres preguntas, la persona que hace las preguntas intenta adivinar la identidad del sujeto. Entonces el grupo habla acerca de cómo la forma en que las distintas personas han percibido a un mismo sujeto las ha llevado a dar diferentes respuestas.

Se pide a los miembros que reflexionen sobre el estado de ánimo en el que se encuentran y que luego utilicen dos colores para describir ese estado de ánimo. Cada miembro comparte sus dos colores con el grupo y éste intenta deducir el estado de ánimo del paciente y la razón que lo ha impulsado a elegir esos colores. (**Grupo de pacientes internos crónicos**)

Cada miembro recibe siete fichas y un lápiz, y se le pide que escriba en cada una de ellas una característica personal identificatoria (por ejemplo, «Soy profesor» o «Soy alguien que ama la música» o «Soy una persona apasionada»). Posteriormente se dice a los miembros que dispongan siete fichas de tal modo que la característica más superficial sea la primera del montón y la más profunda la última. Durante varios minutos, los miembros meditan en silencio acerca de renunciar a la primera identidad, que es la más superficial. Entonces pasan a la siguiente ficha, luego a la siguiente, y así progresivamente, hasta que han reflexionado sobre la renuncia incluso a la característica identificatoria más profunda. Posteriormente el proceso se repite a la inversa y los miembros vuelven a asumir sus diversas identidades, desde la más profunda a la más superficial. El grupo habla sobre los pensamientos y sentimientos que provoca el ejercicio. (**Grupo de crecimiento personal para no pacientes**)

Se pide a los miembros que respondan a la pregunta: «¿Qué harías si tuvieras un millón de dólares?». Se exigen tanto respuestas humorísticas como otras más pensadas. Se anima al grupo a interactuar en torno a las respuestas de cada uno de los miembros. (**Grupo de nivel para pacientes internos de bajo rendimiento**)

Se pide a los miembros que traigan su diario de alimentación y que lo abran por la página en la que describen su más reciente atracón de comida. Entonces se pasa el diario a la persona situada a la izquierda. Cada miembro lee en voz alta la entrada de la persona que tiene a su lado ante todo el grupo y comparte sus reacciones. (**Grupo para pacientes externos que padecen un trastorno alimentario**)

Cada miembro recibe una ficha y un lápiz. Los miembros escriben en la ficha, de forma anónima, algo que realmente les guste de sí mismos y algo que desearían cambiar. Luego se colocan las fichas en un montón en el centro de la habitación y se barajan. Cada miembro del grupo saca una ficha del montón al azar y la lee en voz alta. Después los miembros comparten las reacciones que les provoca cada ficha. (**Grupo de asistencia durante la convalecencia**)

---

ra datos sobre los cuales el grupo habla después. El ejercicio puede implicar al grupo en su totalidad –por ejemplo, se puede pedir a un grupo de pacientes internos crónicos que planifiquen una salida– o puede implicar a un miembro frente al grupo –en un grupo de encuentro, un ejercicio de «confianza» implica a un miembro que se coloca de pie, con los ojos cerrados, en el centro del círculo grupal, y se deja caer, lo que permite al grupo sujetarlo y así servirle de apoyo–. Los ejercicios pueden incluir a todos los individuos del grupo, como una ronda en la que se pide a cada miembro que dé su impresión inicial acerca de todas las personas del grupo, o, en el caso de otro tipo de intervenciones que también resultan útiles en la fase inicial del grupo, hacer que cada miembro comparta parte de su historia pasada. En un grupo para cónyuges en duelo, puede pedirse a los miembros, durante una de las primeras sesiones, que traigan una foto de boda para poderla compartir con el resto del grupo.

Muchas de las tareas y técnicas que hemos descrito hasta ahora en los apartados anteriores –fijar normas, activar el «aquí-ahora», comprender el «aquí-ahora»– utilizan un enfoque con calidad prescriptiva («¿De cuál de las personas del grupo te importa su opinión en especial?» «¿Puedes mirar a Mary cuando hablas con ella?» «¿Qué has sentido al compartir eso con nosotros?» «En una escala de riesgo que va del 1 al 10, ¿cuánto te has arriesgado hoy con nosotros?»).

Todo terapeuta de grupo experimentado emplea algunos ejercicios estructurados, en ocasiones de forma sutil y espontánea.[13] Por ejemplo, si un grupo está tenso y bloqueado y experimenta un silencio de uno o dos minutos (¡un minuto de silencio resulta muy largo en un grupo!), algunos líderes pedirán una ronda rápida de intervenciones en la que cada miembro diga brevemente lo que ha sentido o ha pensado decir, pero no ha dicho, durante ese silencio. Un ejercicio de esta clase genera muchos datos valiosos.

Limitaciones

El uso excesivo de ejercicios estructurados resulta contraproducente. En la terapia de grupo de larga duración, los miembros logran mayores progresos terapéuticos si los líderes los animan a experimentar su timidez o suspicacia y a comprender la dinámica subyacente, que si prescriben un ejercicio que sortee dichos sentimientos al lanzar a los miembros hacia una revelación o expresividad demasiado profundas.

En un escenario agudo o de corta duración, como son los grupos de pacientes internos y ciertos grupos especializados para pacientes externos, la situación es más compleja. Ante una cantidad limitada de tiempo durante la que ayudar a muchos pacientes distintos, los terapeutas pueden pensar que los ejercicios estructurados son extremadamente útiles: incrementan la participación de los pacientes, proporcionan una tarea grupal diferenciada y apropiada, e incrementan la eficiencia grupal. Pero se debe evitar un riesgo. Siempre que los terapeutas hacen abundante uso de tareas estructuradas, corren el riesgo de crear un grupo dependiente. Se establecen normas en las que la mayor parte de la actividad y de las interacciones que tienen lugar en el grupo están generadas más por medio de las indicaciones del líder que a través de la participación activa y motivada de los miembros. Los pacientes que toman parte en un grupo orientado hacia el terapeuta y muy estructurado, empiezan a tener la impresión de que la ayuda, toda la ayuda, emana únicamente del terapeuta. No permiten que se desarrollen sus habilidades y dejan de beneficiarse de la ayuda y de los recursos que pueden proporcionar los restantes miembros del grupo. El terapeuta debe, por lo tanto, caminar por la delgada línea que separa la motivación de la infantilización.

REFERENCIAS

1. Lieberman, M. A., «Change induction in small groups», *Ann Rev Psychol,* 1976, 27, págs. 217-250.
2. Kahn, E. M., «Group treatment interventions for schizophrenics», *Int J Group Psychother,* 1984, 34, págs. 149-153.
3. Rothke, S., «The role of interpersonal feedback in group therapy», *Int J Group Psychother,* 1986, 36, págs. 225-240.
4. Yalom, I. D., *The Theory and Practice of Group Psychotherapy,* Nueva York, Basic Books, 1970.
5. Yalom, I. D., *The Theory and Practice of Group Psychotherapy,* Nueva York, Basic Books,[3] 1985.
6. Bion, W. R., *Experiences in groups and other papers,* Nueva York, Basic Books, 1959 (trad. cast.: *Experiencias en grupos,* Barcelona, Paidós,[3] 1990).

7. Nichols, M. y Taylor, T., «Impact of therapist interventions on early sessions of group therapy», *J Clin Psychol,* 1975, 31, págs. 726-729.

8. Malan, D., «Group psychotherapy: a long term follow-up study», *Arch Gen Psychiatry,* 1976, 33, págs. 1303-1315.

9. Berger, M., «The use of videotape in the integrated treatment of individuals, couples, families and groups in private practice», en Berger, M. (comp.), *Videotape Techniques in Psychiatric Training and Treatment,* Nueva York, Brunner/Mazel, 1970.

10. Rynearson, E. K. y Flanagan P., «Distortions of self-image and audiovisual therapy», *Psychiatric Annals,* 1982; 12, págs. 1082-1085.

11. Melson, S. J. y Rynearson, E. K., «Intensive group therapy for functional illness», *Psychiatric Annals,* 1986, 16, págs. 687-692.

12. Lieberman, M. A., Yalom, I. D. y Miles, M. B., *Encounter Groups: First Facts,* Nueva York, Basic Books, 1973.

13. Corey, G., Corey, M. S., Callanan, P. *et al., Group Techniques,* Monterey, CA, Brooks/Cole Publishing Co., 1982.

CAPÍTULO 7

GRUPOS DE PACIENTES INTERNOS

Cualquier intento de clasificar la amplia selección de grupos especializados existentes en la práctica clínica actual debe iniciarse por la frontera que separa al encuadre de pacientes internos del de pacientes externos. La categoría genérica de los grupos de pacientes internos puede subdividirse luego según el nivel de agudeza (fig. 1). Los grupos de pacientes internos agudos, como los que se reúnen en las unidades psiquiátricas de los hospitales generales, poseen muchas características complejas que ya se han descrito a lo largo de este libro (cuadro 1). Su naturaleza es diferente de la de los grupos de pacientes internos crónicos que pueden encontrarse en un hospital de veteranos o en un centro de asistencia psiquiátrica a largo plazo para enfermos mentales crónicos. Estos últimos grupos muestran un mayor parecido con los grupos de asistencia durante la convalecencia y con los grupos de las clínicas de medicación insertos en los escenarios de pacientes externos.

Aunque hemos situado los grupos de pacientes externos en el polo opuesto a los de pacientes internos, los terapeutas que trabajan con ciertas clases de grupos especializados de pacientes internos se enfrentarán a muchas de las mismas situaciones clínicas y utilizarán muchas de las técnicas que emplean sus colegas en un escenario de pacientes externos (se remite al lector a los apartados correspondientes a grupos especializados de pacientes externos). Al fin y al cabo, un grupo orientado hacia el comportamiento de pacientes que padecen anorexia nerviosa y que se celebre en una unidad médico-psiquiátrica, compartirá más similitudes que diferencias con la misma clase de grupo que se reúna en una clínica para el tratamiento de trastornos alimentarios.

GRUPOS DE PACIENTES INTERNOS AGUDOS

A fin de modificar las técnicas generales de la psicoterapia de grupo para adaptarlas a cualquier encuadre especializado, se trate de un grupo de pacien-

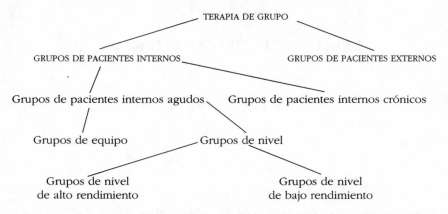

Figura 1. **Esquema de clasificación de los grupos especializados de psicoterapia**

CUADRO 1. **Características de los grupos de psicoterapia para pacientes internos**

- Cambio rápido de la composición del grupo.
- Los pacientes sometidos a un breve período de internamiento sólo participan en el grupo durante unas pocas sesiones.
- Reuniones frecuentes (a menudo, diarias).
- Escasa o nula preparación pregrupal.
- Presencia de una psicopatología grave.
- Gran heterogeneidad en la psicopatología de los pacientes.
- Personal rotatorio/falta de continuidad de los líderes del grupo.
- Multitud de efectos del entorno de la unidad sobre el proceso grupal.
- Presencia de socialización extragrupal.
- Puede ser la única forma de psicoterapia a disposición del paciente.
- Puede ser el único foro en el que abordar el estrés que comporta la hospitalización.

tes internos agudos o de un grupo de recuperación de larga duración para alcohólicos, el terapeuta debe seguir los tres pasos siguientes:

1. *Evaluar la situación clínica*: el terapeuta debe determinar las limitaciones clínicas mutables e inmutables que rodean al grupo que desea dirigir. Debe intentar alterar las restricciones mutables en una dirección favorable al grupo.

2. *Formular los objetivos*: el terapeuta debe desarrollar metas que sean apropiadas y asequibles dentro de las limitaciones clínicas existentes.

3. *Modificar la técnica tradicional*: el terapeuta debe conservar los princi-

pios básicos de la terapia de grupo, pero debe alterar las técnicas para adaptarlas al encuadre clínico y para alcanzar los objetivos especificados.

En este apartado ilustraremos estos tres pasos a medida que los vayamos aplicando a los grupos de terapia de pacientes internos agudos.[1] Dichos grupos tienen lugar en unidades psiquiátricas generales para adultos e implican una amplia gama de pacientes que atraviesan un período de internamiento agudo para tratar un abanico prácticamente infinito de problemas, desde la tendencia al suicidio hasta el descontrol conductual, pasando por la psicosis. Se requieren modificaciones radicales de técnica con objeto de dirigir grupos eficaces en el escenario de pacientes internos.

Evaluar la situación clínica

El terapeuta debe empezar evaluando minuciosamente el escenario clínico, determinando cuáles de las limitaciones a las que se enfrenta son intrínsecas a la situación clínica y, por lo tanto, incontrolables, y cuáles son extrínsecas y potencialmente modificables.

Las limitaciones intrínsecas de un escenario de pacientes internos agudos –que el terapeuta no puede controlar– incluyen una elevada tasa de cambio de pacientes (con frecuencia, los pacientes ¡sólo están presentes en una única reunión del grupo!) y la gravedad y heterogeneidad de la psicopatología dominante entre los pacientes hospitalizados. Además, la rotación del personal que trabaja en las unidades para pacientes internos impide con frecuencia la continuidad del liderazgo de grupo (cuadro 1).

Las limitaciones extrínsecas provienen de la falta de apoyo administrativo para la terapia de grupo: por ejemplo, la política de la unidad puede consistir en programar grupos una o dos veces por semana durante breves períodos; no tener un terapeuta de grupo permanente; asignar personal poco experimentado como líder de grupo; o sacar a pacientes del grupo. El trabajo del terapeuta que está diseñando un grupo de pacientes internos comienza por organizar una campaña a fin de conseguir las mejores condiciones posibles. Se debe conseguir el apoyo del personal administrativo y clínico para asegurar que la terapia de grupo constituya una parte integral del programa de la unidad; que se reserve para todos los pacientes un tiempo para las sesiones, y que se lo respete; y que se disponga de salas de reunión adecuadas. Se debe persuadir a los directores del programa de la eficacia e importancia de la terapia de grupo, utilizando, si es necesario, los resultados de investigación que estén disponibles.

Un tercer factor que influye en la terapia de grupo de pacientes internos es el entorno de la unidad, es decir, el ecosistema más amplio en el que está inserto el grupo. A través de todo el sistema ocurren procesos paralelos, y el estrés que se produzca en el seno de la unidad –bien entre los pacientes, entre los pacientes y el personal o entre los miembros del personal– repercutirá en el grupo. Por ejemplo, una lucha interna entre dos enfermeras que rivalizan por conseguir un puesto administrativo puede verse reflejada repentinamente en el conflicto que estalla entre dos miembros dominantes en el seno de un grupo de terapia de pacientes internos.

Formular objetivos específicos

Una vez que el terapeuta ha dispuesto las mejores condiciones posibles (como una sala de reunión adecuada, suficiente tiempo para las sesiones, regularidad de líderes, cierto control sobre la composición del grupo), debe proceder a formular objetivos apropiados para el grupo. Éstos deben ser específicos, asequibles en el marco temporal del grupo y adaptados a la medida de la capacidad de los pacientes, a fin de que la terapia de grupo sea una experiencia exitosa (cuadro 2).

Seis metas alcanzables para un grupo de pacientes internos descritas por Yalom son:[1]

1. Hacer que el paciente participe en el proceso terapéutico: ayudar a que el paciente se implique en un proceso que le parezca constructivo y le ofrezca apoyo, y que desee continuar después de que lo den de alta del hospital. Para algunos pacientes la hospitalización constituye su primer contacto con la psicoterapia.

CUADRO 2. **Modificar las técnicas generales de la psicoterapia de grupo en los grupos de pacientes internos agudos**

---

1. *Evaluar la situación clínica*: véase cuadro 1
2. *Formular los objetivos apropiados:*
   - Hacer que los pacientes participen en el proceso terapéutico.
   - Enseñar a los pacientes que hablar también ayuda.
   - Enseñar a los pacientes a detectar el comportamiento interpersonal inadaptativo.
   - Reducir la sensación de aislamiento del paciente.
   - Permitir a los pacientes ser útiles a los demás.
   - Aliviar la ansiedad relacionada con el hospital.
3. *Modificar las técnicas generales para adaptarlas al escenario de pacientes internos:*
   - Adaptar un marco temporal modificado.
   - Utilizar el apoyo directo.
   - Hacer hincapié en el «aquí-ahora».
   - Proporcionar una estructura.

---

2. Enseñar a los pacientes que hablar también ayuda, y que pueden utilizar la psicoterapia en su provecho.

3. Detectar problemas: enseñar a los pacientes a detectar su comportamiento interpersonal inadaptativo. De este modo, los pacientes detectan áreas sobre las que pueden trabajar en una terapia posterior. La psicoterapia de grupo para pacientes internos pone a nuestra disposición un rico material de datos, pero se dispone de poco tiempo para examinarlos plenamente.

4. Disminuir la sensación de aislamiento del paciente, tanto en el hospital como en el mundo exterior.

5. Permitir a los pacientes que sean útiles a los demás. Los pacientes que ingresan en el hospital están desmoralizados y ganan mucho al aprender que pueden ser útiles a los demás.

6. Aliviar la ansiedad relacionada con el hospital: alentar a los pacientes a compartir las preocupaciones que provoca el estigma asociado con la hospitalización psiquiátrica, a hablar sobre los acontecimientos angustiosos que ocurren en la unidad (comportamiento extraño de otros pacientes, tensiones entre el personal, pacientes con trastornos agudos), y a dejarse tranquilizar por otros miembros del grupo.

Modificar las técnicas generales para alcanzar metas específicas

Una vez establecidos los objetivos apropiados, los terapeutas deben modificar las técnicas estándar con objeto de conseguir dichos objetivos específicos. Ello supone que los terapeutas variarán su estrategia y táctica básicas al utilizar los distintos factores terapéuticos. Por ejemplo, en un grupo de pacientes psicóticos crónicos, un terapeuta puede decidirse a hacer hincapié en la universalidad y a transmitir información, pero, como describiremos más adelante, en un grupo de pacientes internos agudos hará hincapié en el altruismo, la cohesión y el aprendizaje interpersonal.

Los grupos de pacientes internos agudos son radicalmente distintos de los grupos de pacientes externos a largo plazo tradicionales (cuadro 1). Por lo tanto, exigen una modificación radical de la técnica, especialmente en las áreas del marco temporal, del grado de apoyo, del empleo de la activación del «aquí-ahora» y de la estructura.

El marco temporal modificado

El líder de un grupo de pacientes internos tiene que adoptar un marco temporal radicalmente abreviado debido al rápido cambio de pacientes y al hecho de que la composición del grupo cambia diariamente. Los terapeutas deben considerar que la existencia de un grupo de pacientes internos sólo se prolongará durante una sesión y deben esforzarse en ofrecer algo útil a tantos pacientes como sea posible durante dicha sesión.

Un marco temporal de una sola sesión exige eficiencia. No se puede perder el tiempo: el terapeuta sólo tiene una oportunidad para hacer participar a cada paciente y no debe malgastarla. Esta necesidad de eficiencia exige una mayor actividad por parte del terapeuta. El terapeuta debe estar preparado para activar al grupo, invitar a los miembros a que participen, prestarles apoyo e interactuar personalmente con ellos.

Apoyo

Con objeto de alcanzar la meta de crear una experiencia constructiva, segura y positiva con la terapia de grupo de pacientes internos, el líder debe reducir al mínimo el conflicto y subrayar el apoyo. Habida cuenta de la naturaleza del marco temporal modificado, y también del alto nivel de dolor y de la aguda sensación de crisis experimentados por los pacientes internos, el terapeuta de grupo que trabaja con pacientes internos tiene que ofrecer apoyo rápida y directamente. La forma más directa consiste en reconocer abiertamente las intenciones, los puntos fuertes, las contribuciones positivas y los riesgos de cada paciente.

Si, por ejemplo, un miembro afirma que encuentra muy atractiva a una de las mujeres del grupo, el líder debe apoyar con tacto a este paciente por el riesgo que se ha decidido a correr. El líder puede preguntarse si ya antes había sido capaz de expresar tan abiertamente su admiración por otra persona, u observar que esta franqueza anima a otros miembros a arriesgarse y a revelar sentimientos importantes. Debe ponerse mayor énfasis en los aspectos positivos del comportamiento o de la defensa de una persona que en los aspectos negativos. Por ejemplo, al paciente que insiste en desempeñar el papel de «terapeuta auxiliar» se le pueden ofrecer comentarios positivos diciéndole lo útil que ello resulta para los demás. Con ello se prepara el escenario para hacer una suave observación sobre su desinterés y renuencia con respecto a pedir algo personal al grupo.

El terapeuta de pacientes internos que presta activamente apoyo se propone sobre todo ayudar a los pacientes –en especial a los pacientes censurables o irritantes– a que consigan apoyo por parte del grupo. Un paciente egocéntrico que se queja sin cesar de una enfermedad o de un problema insoluble, conseguirá rápidamente que cualquier grupo se distancie de él. Cuando el terapeuta detecta un comportamiento así, debe intervenir rápidamente para evitar que se desarrollen sentimientos de animosidad y rechazo en el grupo. Por ejemplo, puede asignar al paciente la tarea de presentar a nuevos miembros al grupo, u ofrecer *feedback* a otros miembros, o intentar adivinar y expresar cómo evalúa cada paciente al grupo ese día.

El terapeuta también puede enmarcar de forma diferente el comportamiento irritante de un paciente: «Tal vez sientas necesidades, pero te resulta difícil pedir lo que necesitas. Me pregunto si tu preocupación por tu salud (o por tu situación económica, tu marido o algo parecido) no es una forma de pedir algo al grupo». Ayudar al paciente a formular una petición de atención explícita y específica ante el grupo, genera con frecuencia una respuesta positiva por parte de los otros miembros.

El terapeuta debe prever y evitar el enfrentamiento y el conflicto siempre que sea posible. Si los pacientes se muestran irascibles o críticos, los terapeutas pueden canalizar parte de la ira hacia sí mismos («Varias personas parecen estar enfadadas en la sesión de hoy. ¿Podría yo hacer algo?»). Si dos pacientes se encuentran atrapados en una posición de enfrentamiento, el líder les puede recordar que las peleas se producen frecuentemente entre dos personas parecidas o que sienten admiración mutua. Acto seguido, se puede invitar a cada uno de los pacientes a hablar sobre aquello que admiran o envidian en el otro, o sobre el modo en que se parecen a su adversario.

Cuando los terapeutas dirigen un grupo de pacientes que padecen una grave regresión, deben proporcionar aún mayor apoyo de una forma todavía más directa. Se debe volver a encuadrar el comportamiento del paciente de un modo positivo. Por ejemplo, a un paciente que ha permanecido callado se le puede agradecer que se haya quedado durante toda la sesión; a un paciente que se va pronto, se lo puede felicitar por haber permanecido allí veinte minutos; se puede apoyar a los pacientes inactivos por haber prestado atención durante toda la reunión. Las afirmaciones inapropiadas o extrañas emitidas por los pacientes deben etiquetarse como tentativas de establecer comunicación con el grupo, y la atención de éste debe entonces apartarse con tacto del paciente que muestra una conducta desviada.

Subrayar el «aquí-ahora»

Las consideraciones precedentes sobre la eficiencia, actividad y apoyo del terapeuta en el escenario de los pacientes internos no significa que el foco del «aquí-ahora» sea menos importante que en la terapia de pacientes externos, puesto que puede ayudar a los pacientes internos a aprender una gran cantidad de importantes habilidades interpersonales:

1. A comunicarse de una forma más clara.
2. A aproximarse a los demás.
3. A expresar sentimientos positivos.

4. A tomar conciencia de las peculiaridades personales que hacen que los demás se distancien.

5. A escuchar.

6. A ofrecer apoyo.

7. A autorrevelarse.

8. A hacer amistades.

Sin embargo, las condiciones clínicas de un grupo de pacientes internos (breve duración del tratamiento y mayor gravedad de la patología) exigen realizar modificaciones del tipo «aquí-ahora» en la técnica básica. El tiempo es insuficiente para tratar todas las cuestiones. En su lugar, el terapeuta ayuda a los pacientes a detectar los problemas interpersonales más importantes y a reforzar los puntos fuertes interpersonales. Esta clase de detección de problemas interactivo y de refuerzo positivo tiene lugar en el contexto de una única sesión de grupo, y se trata de un principio que debe explicarse a los pacientes.

Proporcionar una estructura

Trabajar con un grupo de pacientes internos agudos exige una estructura. En un grupo de pacientes internos agudos no hay lugar para un terapeuta no directivo ni para un grupo no estructurado que se desarrolle libremente.

Los líderes de grupo pueden proporcionar una estructura a un grupo de pacientes internos de varias maneras diferentes:

1. Al instruir y orientar a los pacientes sobre la naturaleza y propósito de la reunión

2. Al establecer límites espaciales y temporales muy claros para el grupo.

3. Al utilizar un estilo personal lúcido y seguro que tranquiliza a los pacientes confundidos o preocupados, y que contribuye a una sensación de estructura.

La manera más poderosa y explícita de proporcionar una estructura en un escenario de pacientes internos consiste en incorporar a cada sesión una secuencia coherente de acontecimientos. Aunque las distintas sesiones de un grupo de pacientes internos pueden tener diferentes secuencias, dependiendo de la composición y de la tarea de grupo, presentamos a continuación unas líneas divisorias naturales:

1. Los primeros minutos. El terapeuta describe explícitamente la estructura del grupo. Si hay nuevos miembros (y generalmente los hay, en un grupo de pacientes internos agudos), éste es el momento de orientarlos sobre el propósito de la terapia de grupo. Se debe dar una instrucción explícita sobre la relevancia del «aquí-ahora», explicando, por ejemplo, que la psicoterapia de grupo se centra en el modo en que se relacionan las personas, pues es lo que mejor saben hacer los grupos. El terapeuta puede entonces proseguir, explicando que el modo más eficaz de realizar esta tarea es por medio del examen de las relaciones que se establecen entre los miembros del grupo. El terapeuta de grupo debe subrayar que, aunque los pacientes han sido ingresados por muchas razones distintas, a todos los puede beneficiar aprender cómo sacar mayor partido de sus relaciones con los demás.

2. Definición de la tarea. El terapeuta determina la dirección más provechosa que debe tomar el grupo en una sesión concreta. El líder, por ejemplo, puede escuchar para hacerse una idea de las cuestiones más urgentes que están presentes en la unidad ese día –la fuga de un paciente o la presencia de una nueva rotación de residentes y de estudiantes de medicina. El líder puede decidir proporcionar un ejercicio estructurado, como ayudar a cada paciente a formular una orden del día sobre la que quiera trabajar durante la sesión.[1] Un ejemplo de una «orden del día» puede ser una mujer joven, deprimida, tímida e inhibida, a quien le gustaría expresar sentimientos más positivos en el seno del grupo.

3. Llevar a cabo la tarea. El terapeuta ayuda al grupo a abordar las cuestiones o agendas planteadas al inicio de la sesión, y anima a participar al mayor número posible de pacientes. Se pregunta a cada miembro del grupo cómo ha reaccionado ante el paciente que se ha ido; se ayuda a la paciente tímida a identificar a aquellos miembros hacia quienes mantiene sentimientos positivos y a expresar dichos sentimientos.

4. Los minutos finales. El líder indica que la fase de trabajo ha finalizado y que el tiempo restante se dedicará a resumir y analizar la reunión. Éste es el período de recapitulación y el bucle autorreflexivo del «aquí-ahora», en el cual el terapeuta intenta clarificar la interacción grupal que ha tenido lugar durante la sesión. Por ejemplo, ¿cómo respondió el grupo cuando uno de los miembros que, por lo general, es callado e inhibido expresó francamente una serie de sentimientos positivos? ¿Qué han sentido al hablar abiertamente sobre la fuga de un paciente?

Trabajar en el entorno de una unidad

La regulación de los límites semipermeables existentes entre un grupo de pacientes internos y el entorno de una unidad es, asimismo, una de las tareas importantes de un terapeuta que trabaja con un grupo de pacientes internos. El terapeuta la lleva a cabo estableciendo contratos claros entre los pacientes y el personal (como parte de las reglas explícitas de la unidad o de las expectativas sobre el comportamiento) y dentro del mismo grupo en lo que respecta a los límites básicos enumerados en el cuadro 3.[2]

Cuando la tarea grupal y los límites que rodean dicha tarea se hayan definido clara y explícitamente de ese modo, el grupo de pacientes internos parecerá menos fragmentado y más estable, y podrá mantener su integridad dentro del más amplio entorno de la unidad. Además, de este modo se protege a los pacientes prepsicóticos y psicóticos más vulnerables para que no confundan sus límites personales.

La terapia no puede tener lugar sin que exista un sentimiento de cohesión grupal en el cambiante medio del entorno de una unidad. Tanto la puntualidad como la previsibilidad, las expectativas elevadas sobre la asistencia y la actuación, o las reuniones diarias para reducir al mínimo los masivos cambios de la composición del grupo, contribuyen a la cohesión de éste.

CUADRO 3. Límites básicos de la terapia de grupo para pacientes internos que tiene lugar en el entorno de la unidad

- Contratos claros sobre la puntualidad y la asistencia para los pacientes que participan en el grupo.
- Iniciar y terminar cada sesión de grupo puntualmente.
- Salvaguardar el tiempo grupal en la unidad (no programar actividades que interfieran con el tiempo grupal).
- Proteger el tiempo que tienen los pacientes en el grupo (no permitir a los pacientes que falten a reuniones para asistir a otras actividades).
- Criterios claros para la entrada y participación de los pacientes en el grupo y para su salida de éste.
- Límites firmes para excluir de las reuniones de grupo a los pacientes incompatibles.
- Normas estrictas sobre el comportamiento aceptable en el grupo.
- Instrucción sobre la confidencialidad de los temas tratados en el grupo.

Además, como ya describimos en otro apartado, clarificar la lógica y las metas del grupo, así como orientar explícitamente a los pacientes hacia ellas, bien antes de que entren a formar parte del grupo o al inicio de cada reunión, incrementa la cohesión grupal en el entorno de una unidad.[3]

Por último, el terapeuta debe recordar que la dinámica y los procesos que tienen lugar en un grupo de pacientes internos agudos se reflejan con frecuencia en otras interacciones que se producen en la unidad y viceversa:

Un paciente transexual, manipulador, a menudo estallaba airadamente durante las sesiones de grupo que tenían lugar en una unidad de pacientes internos. Intimidaba a los demás miembros con discusiones sobre la identidad sexual, e insistía en que se refirieran a él utilizando el género femenino. El miedo y la confusión que sentía el grupo se vieron reflejados en la manera en que el entorno respondió al paciente: miembros muy experimentados del personal empezaron a cumplir las exigencias irracionales del paciente, incluyendo la asignación de una habitación privada y pases de día inusuales para asistir a sesiones de electrólisis, y a permitirle arrebatos histriónicos que hubiesen sido rápidamente controlados en cualquier otro paciente.

El líder del grupo, una residente de segundo año, pudo por fin fijar límites al comportamiento sutilmente amenazador del paciente en el seno del grupo, pero sólo después de que el psiquiatra que lo atendía hablara durante una reunión de personal y señalara la diversidad de modos en que el paciente estaba manteniendo en jaque a toda la unidad con sus demandas airadas y egocéntricas. Este ejemplo demuestra que el terapeuta de grupo de una unidad de pacientes internos debe colaborar estrechamente con el personal para detectar la dinámica que se produce en el entorno y que influye en las interacciones grupales, y viceversa.

La composición del grupo

La población de pacientes ingresados en las unidades de pacientes internos agudos es muy heterógenea, tanto en lo referente al diagnóstico oficial como al nivel general de fuerza del yo o al nivel de funcionamiento. Si existe alguna similitud u homogeneidad entre los pacientes internos reside en que todos han sido hospitalizados durante una crisis, experimentan un elevado grado de angustia y vulnerabilidad psicológicas, y se enfrentan a un gran trastorno de sus vidas y actividades cotidianas. Aunque todos padecen una gran angustia, los pacientes internos pueden funcionar en tan distintos niveles que no sean capaces de trabajar en la misma clase de grupo de terapia.

Dadas las distintas necesidades terapéuticas de una esquizofrénica paranoica que sufre alucinaciones y que atraviesa su cuarto episodio psicótico, y una profesional que ha enviudado recientemente y que ha sido ingresada por primera vez debido a una depresión grave, resulta evidente que un único grupo compuesto heterogéneamente por todos los pacientes de una unidad de pacientes internos agudos no puede abordar todos los objetivos adecuados para los diversos miembros. Y, sin embargo, si los pacientes han de separarse en distintos tipos de grupo, ¿sobre qué base ha de realizarse el *triage*?*

Yalom aborda la cuestión de la composición del grupo en su modelo glo-

---

* *Triage*: Principio por el cual se trata a víctimas de una catástrofe de acuerdo con un criterio de selección. *[N. de la T.]*

bal de psicoterapia de grupo para pacientes internos.[1] Sugiere que los pacientes deben disponer de dos clases de experiencias grupales en la unidad: un grupo de equipo para todos los pacientes, independientemente del diagnóstico o del nivel de funcionamiento (que consiste en un grupo diario, obligatorio, de composición heterogénea y de aproximadamente entre seis y diez miembros), y un grupo determinado por el nivel de funcionamiento.

Como ejemplo de un grupo de equipo, la población de pacientes de una unidad de veinte camas es dividida equitativamente y al azar entre dos pequeños grupos, cada uno de los cuales está dirigido por una enfermera y por uno de los residentes psiquiátricos de la unidad. Estos grupos pequeños y heterogéneos se reúnen temprano por la mañana, están orientados hacia el contenido y se ocupan de problemas externos, incluidos temas importantes del entorno, así como de recibir o despedir a los pacientes. La finalidad de estos grupos consiste en proporcionar una organización segura, no intensa y no orientada interpersonalmente, en la cual todos los pacientes puedan compartir sus problemas, dar consejos y ofrecer apoyo. Será obligatorio para todos los pacientes de la unidad, con la excepción de los individuos que pudiesen perturbar gravemente el desarrollo del grupo (como los pacientes maníacos agudos). Así, en él se mezclan personas que provienen de categorías diagnósticas distintas y permite que todos los pacientes se reúnan e interactúen entre sí. También implica a todos los pacientes de la unidad en una experiencia grupal, incluso a aquellos que se resisten *a priori* a participar en la terapia de grupo.

El segundo tipo de grupo, el grupo de nivel, consiste en grupos homogéneos configurados según el nivel de la fuerza del yo y el nivel del funcionamiento global. Después de todo, las distintas clases de pacientes internos necesitan y valoran diferentes aspectos de la terapia de grupo. Se sabe que los pacientes a quienes se ha diagnosticado una reacción depresiva otorgan el mayor valor a aquellos grupos que resuelven problemas y alientan a centrarse en preocupaciones externas, mientras que los pacientes esquizofrénicos prefieren grupos no verbales orientados hacia una actividad.[4] Incluso un mismo paciente puede pasar por varios enfoques de tratamiento y utilizar distintas clases de grupos durante el curso de un período de hospitalización relativamente breve. En el cuadro 4 se perfilan las características básicas de los grupos de equipo frente a los grupos de nivel.

Grupos de nivel para pacientes de bajo rendimiento

En un grupo de nivel para pacientes de bajo rendimiento, los pacientes más regresivos, retraídos o desorganizados participan en una sesión grupal breve (45 minutos), muy estructurada y orientada hacia una actividad. Las metas de los grupos de un nivel de bajo rendimiento consisten en fomentar el contacto con la realidad por medio de la percepción exacta del entorno inmediato, así como en propiciar la mejoría del funcionamiento del yo. Con frecuencia se abordan varias habilidades vitales cotidianas y cuestiones básicas de socialización, incluidas planificar el presupuesto, ir a la compra, aprender a iniciar y mantener una conversación simple y a desenvolverse en una entrevista de trabajo. En ocasiones, los líderes de grupo pueden emplear la educación didáctica.

En una sesión de grupo típica la asistencia es obligatoria. El líder empieza por hacer que los miembros se presenten. Entonces el líder presenta el tema o la tarea grupal de la sesión: por ejemplo, informando al grupo que hoy los miembros van a aprender a potenciar su autoestima. Se dan instrucciones específicas para la realización de dicha tarea, tales como pedir que los miembros cuenten al grupo por turnos una cualidad personal de la que se sientan orgullosos. Seguidamente, se solicita *feedback* positivo y de apoyo para cada miembro: «Nina nos acaba de decir que se siente orgullosa de su capacidad para hacer amigos rápidamente. Marge, ¿qué piensas tú que hace tan simpática a Nina?». Si Marge responde de una manera inapropiada u hostil («Nina hace amigos, pero a menudo se debe a que quiere algo de ellos»), el terapeuta inter-

CUADRO 4. **Características de los grupos de equipo y de los grupos de nivel para pacientes internos**

Grupos de equipo	*Grupos de nivel*
Todos los pacientes participan	Algunos pacientes participan
Asistencia obligatoria	Generalmente, asistencia voluntaria según el contrato
Los pacientes se asignan al grupo al azar y se distribuyen uniformemente entre los grupos	Los pacientes se asignan al grupo según su nivel de rendimiento
Se reúnen temprano	Se reúnen durante un momento posterior del día
Se reúnen diariamente	Se reúnen 3-4 veces por semana
Dirigidos por clínicos de la unidad que van rotando (residentes psiquiátricos, terapeutas asignados al equipo, etc.)	Dirigidos por terapeutas cualificados, más estables; intentan conseguir una mayor continuidad en el liderazgo
Se ocupan de temas externos orientados hacia el contenido	Fomentan la participación interpersonal de un modo apropiado al nivel de rendimiento de los pacientes

viene rápidamente para distender la situación, sin intentar que el grupo comprenda por qué Marge ofrece esa clase de *feedback* a Nina: «Parece que también Marge se ha dado cuenta de que Nina hace amigos fácilmente. Se trata de una cualidad que a todos nos gustaría poseer».

Los grupos para pacientes de bajo rendimiento están, por tanto, muy orientados hacia el contenido y se hacen pocos comentarios sobre las interacciones que se producen entre los miembros. Los líderes deben controlar atentamente el nivel de ansiedad existente en el grupo con objeto de prevenir la sobreestimulación interpersonal o sensorial (por ejemplo, apartando el foco de Nina si parece que se está provocando una discusión). El comportamiento inadaptativo se detecta, se aborda y no se fomenta, tanto dentro como fuera del grupo. («Marge, has dicho algo positivo sobre Nina, pero luego lo has retirado. Hoy vamos a trabajar sólo sobre el *feedback* positivo. ¿Podrías intentar volver a referirte a la simpatía de Nina?».)

Yalom describe un tipo de grupo interactivo, llamado Grupo de Foco, elaborado específicamente a la medida de los pacientes de bajo rendimiento. Por medio de la cuidadosa dirección del líder y de un esquema organizado en el que se utilizan ejercicios estructurados, se fomenta la participación interpersonal segura, de apoyo y no intensa. Los ejercicios típicos están relacionados con seis áreas principales: la autorrevelación, la empatía, la interacción en el «aquí-ahora», la discusión didáctica, el cambio personal y los juegos para reducir la tensión (véase cuadro 5). El terapeuta regula la intensidad de las interacciones que tienen lugar en el grupo modificando la atención que prestan los miembros a la proporción entre el contenido y el proceso, de acuerdo con la fuerza del yo y con la capacidad funcional del grupo en general.

El proceso distintivo de los grupos de nivel de bajo rendimiento consiste en animar a la interacción interpersonal a través de medios prescritos, indirectos y orientados hacia el contenido, más que mediante una manera directa y orientada hacia el proceso. Dichos grupos están destinados a pacientes psicóticos, cuyo sentido de la realidad está dañado. Este enfoque protege a los pacientes vulnerables de una intimidad personal que resultaría aterradora y propiciaría la fragmentación, y que podría agravar su propensión a retraerse o a refugiarse en un comportamiento regresivo.

Los grupos homogéneos de pacientes internos destinados a individuos con un funcionamiento defectuoso del yo, son los grupos más adecuados para el tratamiento de aquellos pacientes que sufren enfermedades psicóticas crónicas. Tales pacientes, generalmente, obtienen malos resultados en los grupos heterogéneos de pacientes internos; en las reuniones de comunidad son incapaces de realizar la tarea grupal, y el resto de los miembros considera que perturban el desarrollo de las reuniones. Ello agrava la ya de por sí intensísima sensación de distanciamiento y aislamiento que sienten los pacientes psicóticos, y el grupo se convierte en una experiencia de fracaso. Sin embargo, en un

CUADRO 5. **Ejemplos de ejercicios estructurados de grupos de bajo rendimiento (Grupos de Foco)**

1. Autorrevelación:

Se pide a los miembros que completen una o dos frases breves y focalizadas que requieran un cierto grado de autorrevelación en torno a un tema dado.

Ejemplos:

«Una de mis aficiones favoritas es ____...»

«La última vez que me enfadé de verdad fue cuando___...»

«Uno de mis mayores logros es___...»

«Cuando Jim trató ayer de herir a alguien en la unidad, yo sentí___...»

Se puede pedir a los miembros que formen parejas y que compartan sus respuestas. Seguidamente, el grupo vuelve a formarse y los miembros leen en voz alta sus respuestas o las de sus compañeros. Se alienta al grupo a compartir las reacciones provocadas por las distintas respuestas.

2. Empatía:

Se coloca una serie de fotos de revistas en el centro de la habitación y se pide a los miembros que cojan dos que ellos piensen que les van a gustar a la persona que tienen a su izquierda. Seguidamente, los miembros muestran por turnos al grupo las fotos elegidas y explican por qué han pensado que le gustarían a la persona situada a su izquierda.

3. Interacciones «aquí-ahora»:

Se pide a los miembros que formen parejas. Seguidamente se les pide «encontrar dos cosas en las que se parecen y dos en las que se diferencian». Después se pide a cada pareja que comparta lo que han descubierto con el resto del grupo.

4. Instrucción didáctica:

El terapeuta conduce una discusión breve y centrada sobre un tema de interés para el grupo (ira, tensión, habilidades comunicativas). La discusión se puede combinar con una tarea específica o puede ir precedida de ella: «Anoten tres cosas importantes para que se establezca una buena comunicación entre las personas».

5. Cambio personal:

Se pide a los miembros que completen dos frases:

«Un cambio que quiero realizar en mí mismo es____...»

«Una idea sobre cómo empezar a realizar este cambio es___...»

Seguidamente, los miembros forman parejas, comparten sus respuestas, y proponen nuevas sugerencias acerca de cómo efectuar esos cambios. El grupo vuelve a formarse, los miembros presentan las respuestas de su compañero y piden sugerencias adicionales al grupo.

6. Juegos para reducir la tensión:

Se pide a los miembros que se observen atentamente unos a otros durante unos minutos. Entonces se pide a un miembro determinado del grupo que abandone brevemente la sala, mientras otro que permanece en la habitación cambia levemente su aspecto (se quita las gafas, intercambia alguna joya con otro miembro o se sube las mangas, etc.). El miembro designado regresa a la sala e intenta detectar el cambio.

esquema grupal que se centra en las tareas propias de los pacientes de bajo rendimiento –tales como aprender los nombres de los demás pacientes, realizar ejercicios estructurados que no resultan amenazadores, hablar sobre los efectos de la medicación y sobre los problemas de la vida cotidiana–, y en el cual las interacciones interpersonales positivas coinciden felizmente con la tarea, la experiencia grupal es una experiencia exitosa.[5]

Grupos de nivel para pacientes de alto rendimiento

Los grupos de nivel para pacientes de alto rendimiento están diseñados con objeto de facilitar la interacción y el aprendizaje interpersonal en el microcosmos del «aquí-ahora» del grupo de pacientes internos. Son apropiados para los pacientes no psicóticos, que pueden tolerar la intensidad y la estimulación interpersonal que conlleva un grupo orientado hacia el proceso, y que disponen de la suficiente concentración y atención como para participar en una sesión grupal de esa clase. Un modelo de grupo de alto rendimiento para pacientes internos agudos es un Grupo de Agenda (*Agenda Group*).[1]

El lider inicia el Grupo de Agenda ayudando a cada paciente a formular una orden del día interpersonal que le gustaría abordar durante esa sesión en concreto. Si un paciente ofrece una agenda del tipo: «Quiero tener mayor conciencia de mis sentimientos», el terapeuta empieza a modelarla preguntándose: «Adam, ¿cómo podemos ayudarte hoy a que seas más consciente de tus sentimientos? ¿Podemos facilitarte de algún modo que compartas tus sentimientos con nosotros esta tarde, aquí, en el grupo?». Cada orden del día debe tomar la forma de una preocupación personal, específica y del «aquí-ahora», que pueda abordarse cara a cara en la sesión de grupo con la ayuda de los restantes miembros (véase el cuadro 6 para ejemplos de agendas).

La ronda de agendas lleva aproximadamente treinta minutos, o más o menos un tercio del tiempo de grupo. Las agendas obligan a especificar vagas quejas y preocupaciones, y a formularlas en voz alta, de un modo claro y coherente. Se obliga a los pacientes a asumir la responsabilidad del trabajo que realizan durante la sesión de grupo y se reduce la tendencia a entablar conversaciones triviales, a narrar historias y a desperdiciar el tiempo con largos silencios.

Tras la ronda de agendas, el terapeuta pasa los siguientes 30 o 45 minutos ayudando a que los miembros satisfagan mutuamente sus agendas al utilizar un método explícito del «aquí-ahora». «Adam, Rob acaba de hablar sobre su reciente divorcio. Tu orden del día consiste en compartir hoy con nosotros algunos de tus sentimientos. ¿Qué provocan en tu interior los comentarios de Rob?» O, lo que aún es mejor (para el grupo en su conjunto): «Rob acaba de hablar sobre su doloroso divorcio. ¿Podríamos hacer, de alguna manera, que ello fuera útil para la agenda de Adam?». El método del «aquí-ahora» potencia la inte-

CUADRO 6. **Ejemplos de agendas interpersonales de grupos de nivel de alto rendimiento (Grupo de Agenda)**

1. Paciente: Me gustaría hacerme una idea más clara de la impresión que causo a los demás.

Terapeuta: ¿Estarías dispuesto a aceptar el *feedback* que te ofrezcan otros miembros del grupo acerca de la impresión que tienen de ti? ¿De qué persona te gustaría especialmente recibir *feedback*? ¿Por qué quieres hacerte una idea más clara de cómo te ven los demás?

2. Paciente: Me gustaría expresar algunos sentimientos y no guardarlo todo en mi interior.

Terapeuta: ¿Qué clase de sentimientos te gustaría intentar expresar hoy en el grupo? ¿Estás dispuesto a expresar dichos sentimientos tal como se produzcan hoy en el grupo? ¿Podemos hablar contigo de vez en cuando para ver qué clase de sentimientos tienes durante la sesión?

3. Paciente: Quiero aprender a hacerme valer.

Terapeuta: ¿Estás dispuesto a intentar hacerte valer hoy en el grupo? ¿Quieres intentar pedir algo para ti, como, por ejemplo, cuánto tiempo quieres que se te dedique en el grupo? ¿Intentarás decir algo que generalmente te guardarías?

4. Paciente: Quiero sentirme menos solo y menos aislado de las personas.

Terapeuta: ¿De quién te sientes aislado en el grupo? ¿Estás dispuesto a explorar el modo en que evitas intimar con la gente? ¿Te gustaría probar una manera diferente de abordar a otras personas hoy en el grupo? ¿Quieres que te ofrezcamos *feedback* sobre cómo creas tú esa distancia?

---

racción grupal inmediata, ya que cada paciente ha declarado públicamente una agenda sobre la que debe trabajar durante la sesión de grupo con la ayuda de los demás miembros. La fuerza centrípeta de la tarea grupal permite trabajar simultáneamente sobre las distintas agendas de los pacientes.

El líder pone término a cada reunión con un resumen que se produce en la sala de grupo, ante los participantes. Los coterapeutas o cualquier observador (estudiantes, residentes, personas que están haciendo prácticas en salud mental, personal de la unidad) que haya observado al grupo, pueden tomar parte en dicho resumen. Los líderes hablan abiertamente sobre sus intervenciones y sobre el éxito que han obtenido las agendas de cada uno de los miembros, apoyando activamente los esfuerzos terapéuticos de los pacientes. Los observadores proporcionan *feedback* sobre ese proceso. «Tengo la impresión de que Adam ha compartido hoy realmente su tristeza con nosotros, cuando le preguntamos cómo lo hizo sentirse la historia de Rob. Me gustó el modo en que Sue le dijo a Adam que ello lo hizo parecer más humano y menos alejado de nosotros.» O bien: «Mientras te estábamos observando a través del espejo [que funciona como espejo por un lado y como ventana por el otro], nos preguntamos por qué interviniste y preguntaste algo sobre Adam cuando parecía que era Mary quien había reaccionado más intensamente ante la historia de Rob».

Los miembros de un Grupo de Agenda se dedican a observar cómo resumen la sesión los terapeutas, con lo que el efecto es triple:

1. Desmitifica el proceso de psicoterapia.
2. Proporciona una estructura cognitiva, y «desestimula» así a los miembros antes de que abandonen la sesión.
3. Ayuda a que cada reunión sea tan independiente como sea posible: se reduce el marco temporal del grupo a una única reunión, lo que ayuda a minimizar las repercusiones que provocan los cambios diarios de miembros.

Con frecuencia, en la terapia de grupo de pacientes internos agudos se evitan las técnicas del «aquí-ahora», acaso porque se identifican erróneamente con el enfrentamiento y el conflicto. De hecho, este enfoque es una experiencia que presta gran cantidad de apoyo y validación, especialmente a aquellos pacientes que se sienten abrumados por sentimientos de indefensión, aislamiento y desconexión. La estimulación del aprendizaje interpersonal, que se produce de un modo positivo y terapéutico, da a los pacientes la sensación de que dominan su propio comportamiento y, a través del mecanismo del altruismo, les permite sentirse útiles a los demás. Si hubiese que realizar alguna advertencia, diríamos simplemente que, al igual que sucede con los grupos de bajo rendimiento, el terapeuta deberá permanecer alerta a situaciones potencialmente inestables y airadas, y, cuando éstas ocurran, deberá actuar con rapidez para distenderlas.

GRUPOS DE PACIENTES INTERNOS CRÓNICOS

El clínico que trabaja en una gran institución, como puede ser un hospital de veteranos, un correccional o un hospital mental del sector público, puede verse frente a grupos de pacientes internos cuyos miembros permanecen en el escenario del tratamiento durante varias semanas o meses.

Los grupos de pacientes internos crónicos presentan una mezcla de características. Por una parte, algunas de sus limitaciones clínicas son similares a aquellas que ya hemos descrito para los grupos de pacientes internos agudos, incluyendo el hecho de que el entorno es omnipresente; que también se produce socialización extragrupal; que el paciente padece graves problemas que hicieron necesaria su hospitalización; y que el grupo se reúne regular y frecuentemente y es, a veces, el único foro en el que puede abordarse el estrés provocado por la estancia en un hospital (cuadro 1). A diferencia de los grupos de pacientes internos agudos, sin embargo, la población de pacientes es más estable en una unidad de pacientes internos crónicos y, por consiguiente, tanto la composición del grupo como la composición del entorno muestran cierta previsibilidad y continuidad.

Situación clínica y metas

La psicoterapia de grupo se ha venido utilizando para tratar a pacientes internos crónicos desde la década de los veinte, y la investigación realizada en el transcurso de los años ha documentado su eficacia a la hora de reducir la morbosidad psicológica de dichos pacientes. Aunque la llegada de la medicación antipsicótica cambió la situación clínica de las enfermedades psicóticas, la investigación indica que la psicoterapia de grupo y la farmacoterapia se refuerzan mutuamente: se ha observado una tasa de éxito más elevada en el tratamiento de la esquizofrenia cuando la farmacoterapia se combina con la terapia de grupo.[6] En otro estudio, los esquizofrénicos que recibieron psicoterapia de grupo y medicación antipsicótica mostraron una mayor mejora de la eficacia y el comportamiento sociales, así como una menor frecuencia de reingreso tras un período de dos años, que aquellos que recibieron medicación y psicoterapia individual.[7] En otras palabras, en el tratamiento de los enfermos mentales crónicos la medicación no sustituye a la terapia de grupo.

Si el tratamiento grupal de los pacientes esquizofrénicos es difícil, se debe más a ciertas consideraciones clínicas intrínsecas que a la modalidad de grupo. Por ejemplo, los pacientes psicóticos son activamente delirantes, paranoicos, desorganizados, mudos o retraídos. A menudo sufren un miedo y desconfianza abrumadores.[8-9] Las limitaciones extrínsecas de la psicoterapia de grupo de los pacientes internos crónicos, incluyen problemas de dotación de personal de los grupos de terapia (como los problemas de falta de personal) y el hecho de que el personal no está dispuesto a dedicar tiempo al tratamiento de grupo.

A la hora de dirigir grupos de pacientes internos crónicos, se encuentran varias dificultades:

1. La hostilidad y ambivalencia hacia el líder es muy grande, debido a la ideación paranoide y a la incapacidad de diferenciar entre el líder y otras figuras de autoridad.

2. El grupo tiene serios problemas a la hora de desarrollar autonomía y cohesión.

3. La comunicación entre los enfermos mentales crónicos está inhibida y distorsionada.

Resulta extremadamente difícil alcanzar la cohesión y autonomía en estos grupos, ya que a los miembros, con frecuencia, les molesta tener que participar y restan valor al grupo. Muestran asimismo una gran dependencia del líder, y son más susceptibles a la aprobación del líder que a la presión ejercida por el grupo. Casi nunca cumplen automáticamente los principios del grupo, y esperan a que el líder los confirme en repetidas ocasiones.

Entre los enfermos mentales crónicos, la comunicación es limitada y suele estar distorsionada. Los comentarios de los miembros individuales tienen frecuentemente carácter autístico y puede que no posean un tema común, o que ni siquiera tengan relación con el acontecimiento que tiene lugar en el grupo. La figura del paciente monopolizador es muy común y los miembros del grupo no consiguen manejarla bien. La ideación suicida y la desesperanza existencial aparecen a menudo y se vuelven contagiosas. En estas y otras crisis, los miembros se retraen o actúan impulsiva y destructivamente. Los pacientes proyectan su propio conflicto intrapsíquico sobre el grupo y no aceptan interpretaciones sobre el comportamiento grupal.

Pese a estas difíciles consideraciones clínicas, los terapeutas deben recordar que el grupo proporciona la única experiencia social real, continua y constante a la mayoría de los miembros. Estos pacientes tienen que vivir juntos durante largos períodos de tiempo en condiciones restrictivas y productoras de estrés. Si la psicoterapia de grupo se realiza bien, puede reducir parte de la fricción resultante cada día, al tiempo que satisface las necesidades emocionales de amistad y de relación interpersonal de los pacientes. Los factores terapéuticos de universalidad, altruismo, comportamiento imitativo y técnicas de socialización son los que destacan especialmente en el trabajo con esta población. Las metas de estos grupos incluyen:

1. Aprender a relacionarse mejor con los demás.

2. Aprender a afrontar de una forma más eficaz problemas tales como el control de los impulsos, las alucinaciones auditivas y la sospecha.

3. Compartir información sobre la medicación, alojamiento e instalaciones de tratamiento.

4. Planear el alta.

Tareas y técnicas

Los grupos de terapia para pacientes internos crónicos deben incluir entre cuatro y ocho miembros. Es más difícil gestionar los grupos de nueve o más miembros, en especial cuando los pacientes perturban gravemente el desarrollo de las sesiones o muestran un comportamiento agitado. La asistencia debe ser obligatoria, y la participación puede aumentarse mediante la utilización de café y tentempiés como recompensa adicional.

Durante cada sesión, especialmente si hay un paciente nuevo, las metas y las reglas del grupo deben repetirse y reforzarse, pidiendo a uno o dos de los miembros más experimentados que las resuman. Ello recuerda a los miembros las normas del grupo y centra la sesión en las cuestiones relevantes. También permite que los nuevos miembros aprendan que está permitido discutir temas tales como oír voces o creer que existe una conspiración contra ellos. Esto potencia la cohesión grupal, al mostrar a los pacientes nuevos que no son los únicos que padecen síntomas psicóticos. En el cuadro 7 están enumeradas las reglas grupales que deben reforzarse activamente en cada sesión.

CUADRO 7. **Reglas de comportamiento para grupos de pacientes internos crónicos**

- Los pacientes deben ser puntuales.
- Los pacientes deben quedarse durante toda la sesión.
- No está permitido gritar o proferir amenazas.
- Los pacientes no deben destruir los muebles ni otros objetos presentes en la sala de reunión.

Los terapeutas deben ser, incluso, más activos y flexibles y prestar más apoyo cuando trabajan con estos pacientes crónicos, que en un escenario de pacientes internos agudos. Deben alentar clara y directamente la interacción entre los pacientes, en especial la interacción útil y altruista («Kevin, ¿puedes decirle a Mickey cómo pedir y obtener un pase especial de autobús?»). Siempre que sea posible, se deben fomentar interacciones suaves en el «aquí-ahora» («Allison, ¿quién ha ofrecido hoy consejos útiles sobre el centro de tratamiento residencial?»).

En ocasiones, el líder puede utilizar diplomáticamente la transparencia del terapeuta. Ello servirá para fijar un modelo de conducta y propiciará el comportamiento imitativo: «Trasladarse a un sitio nuevo siempre es duro –lo sé por experiencia propia–; hacer muchas preguntas y encontrar nuevos amigos hace más fácil estar en un sitio nuevo». La franqueza y sinceridad del terapeuta también ayudan a los pacientes a enfrentarse a la realidad y a corregir las reacciones distorsionadas de la transferencia: «No, aquí no tengo ningún magnetófono oculto para informar a nadie. Estoy aquí como vuestro médico, y la reunión del grupo es confidencial».

Puede que, durante la sesión de grupo, un paciente empiece a reaccionar ante ideas delirantes o alucinaciones. El líder debe intervenir inmediatamente y, si es posible, pedir a otros miembros que proporcionen *feedback* y orientación al individuo psicótico. Otra de las dificultades más corrientes es la monopolización por parte de un paciente de características más afectivas (a menudo psicóticas). Un paciente de esa clase hablará en corrillos, intimidando a los pacientes esquizofrénicos tímidos e introvertidos. Si perturban demasiado el desarrollo de la reunión, dichos pacientes deben retirarse de la sesión.

En suma, los grupos de pacientes internos crónicos deben tener como objetivo prestar apoyo social y no ser amenazantes. El trabajo del terapeuta tiene lugar en tres ámbitos fundamentales:

1. Fomentar las interacciones entre los miembros de cualquier modo que sea posible.
2. Propiciar actos altruistas.
3. Intervenir hábil y enérgicamente a fin de controlar cualquier conducta que perturbe el desarrollo de la reunión.

Aunque constituyan un reto, los grupos de pacientes internos crónicos pueden hacer mucho por mejorar a largo plazo la calidad de la vida diaria en las unidades psiquiátricas, y por preparar a los pacientes para la asistencia que tendrá lugar durante la convalecencia, una vez que se los haya dado de alta.[10-12]

REFERENCIAS

1. Yalom, I. D., *Inpatient Group Psychotherapy*, Nueva York, Basic Books, 1983.
2. Leszcz, M., «Inpatient groups», en Frances, A. J. y Hales, R. E. (comps.), *American Psychiatric Association Annual Review*, vol. 5, Washington, DC, American Psychiatric Press, Inc., 1986.
3. Maxmen, J. S., «Helping patients survive theories: the practice of an educative model», *Int J Group Psychother,* 1984, 34, págs. 355-368.
4. Leszcz, M., Yalom, I. D. y Norden, M., «The value of inpatient group psychotherapy and therapeutic process: patients' perceptions», *Int J Group Psychother,* 1985, 35, págs. 177-196.
5. Kanas, N., Rogers, M., Kreth, E. *et al.,* «The effectiveness of group psychotherapy during the first three weeks of hospitalization: a controlled study», *J Nerv Ment Dis,* 1980, 168, págs. 487-492.
6. Kline, N. y Davis, J., «Group psychotherapy and psychopharmacology», en Kaplan, H. I. y Sadock, B. J. (comps.), *Comprehensive Group Psychotherapy,* Baltimore, MD, Williams y Wilkins, 1971.
7. O'Brien, C. P., Hamm, K. B., Ray, B. A. *et al.,* «Group vs. individual psychotherapy with schizophrenics», *Arch Gen Psychiatry,* 1972, 27, pág. 474.
8. Kanas, N. y Barr, M. A., «Homogeneous group therapy for acutely psychotic schizophrenic inpatients», *Hosp Community Psychiatry,* 1983, 34, págs. 257-259.
9. Barr, M. A., «Homogenous groups with acutely psychotic schizophrenics», *Group,* 1986, 10, págs. 7-12.

10. Payn, S. B., «Treating chronic schizophrenic patients», *Int J Group Psychother,* 1974, 24, pág. 25.
11. Rosen, B., Katzoff, A., Carrillo, C. *et al.,* «Clinical effectiveness of 'short' vs. 'long' stay psychiatric hospitalization», *Arch Gen Psychiatry,* 1976, 33, págs. 1316-1322.
12. Mattes, J. A., Rosen B. y Klein D. F., «Comparison of the clinical effectiveness 'short' vs. 'long' stay psychiatric hospitalization, II: results of a three-year post-hospital follow-up», *J Nerv Ment Dis,* 1977, 165, págs. 387-394.

CAPÍTULO 8

GRUPOS DE PACIENTES EXTERNOS

Los grupos de pacientes externos varían considerablemente en sus situaciones clínicas, metas y empleo de diversas técnicas. Pueden clasificarse según las metas globales o la tendencia general del grupo, de donde resultan cuatro subdivisiones fundamentales:

1. Grupos interpersonales de orientación dinámica
2. Grupos de orientación conductual y educativa
3. Grupos de apoyo
4. Grupos de mantenimiento y rehabilitación (fig. 1)

Aunque esta clasificación cumple una función heurística y nosológica, los objetivos se solapan entre las diferentes clases de grupos para pacientes externos. Por ejemplo, un grupo para alcohólicos y toxicómanos que se centra principalmente en el cambio diferenciado del comportamiento y en la educación, dependerá asimismo en alto grado del empleo del apoyo para sus miembros y, en ocasiones, se centrará exclusivamente en el mantenimiento y en la rehabilitación. O bien un grupo de rehabilitación para esquizofrénicos crónicos podrá hacer uso, en ocasiones, de un suave aprendizaje interpersonal. Pese a estas limitaciones, la taxonomía resumida en la figura 1 nos permite comprender las similitudes generales que comparten las distintas clases de grupos, así como convertirlas en una guía para modificar las técnicas empleando los tres pasos básicos descritos en el capítulo 7.

Gran parte de estos grupos especializados no son, hablando en términos estrictos, exclusivos de un escenario de pacientes externos. Los grupos de subespecialidad médica de orientación conductual y educativa, los grupos para pacientes que padecen trastornos alimentarios, y los grupos para alcohólicos y toxicómanos, también funcionan y prosperan en muchas unidades de pacientes internos.

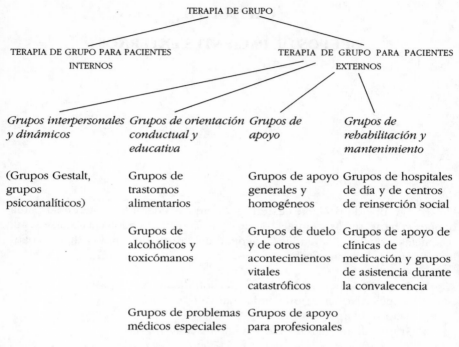

Figura 1. **Clasificación de la psicoterapia de grupo para pacientes externos**

GRUPOS INTERPERSONALES Y DINÁMICOS

Consideraciones clínicas y objetivos

El grupo interpersonal de orientación dinámica nos ha servido de prototipo durante todo el texto; sin embargo, muchas otras formas de terapia de grupo se basan en principios similares: los grupos de psicodrama, los grupos guestálticos y los grupos de orientación psicoanalítica son ejemplos de grupos de terapia que suscriben los objetivos de una mejor comprensión de las motivaciones inconscientes de los pacientes (la dinámica) y de las interacciones interpersonales.

Los pacientes apropiados para dichos grupos son pacientes de alto rendimiento y poseen cierto grado de *insight* y motivación de cambio. Con frecuencia, los problemas que presentan o las quejas principales son vagos y globales, incluyendo «relaciones poco gratificantes con las personas», «dificultades a la hora de aproximarse a los demás», «depresión», «problemas con el sexo opuesto» o «conflicto matrimonial», «mi vida no funciona», «incapacidad de sentir emociones reales». El terapeuta debe ser capaz de traducir esas vagas quejas a un lenguaje de interacciones interpersonales. De hecho, a menudo la queja principal no es en absoluto el problema real, y el líder ve claramente que la persona que se queja de depresión y ansiedad crónica, por ejemplo, realmente muestra una gran cantidad de ira oculta y un comportamiento pasivo-agresivo.

El líder debe evitar tomar parte en aquellas interacciones que repiten o reflejan la patología del paciente. Por ejemplo, un ejecutivo verbalmente ágil y muy autoritario llevaba una vida sentimental insatisfactoria; decía atraer sólo a mujeres que «querían algo de él» o que «andaban detrás de él». Poco tiempo después de hacerse miembro de un grupo de terapia, empezó a quejarse de que el ritmo no era lo suficientemente «rápido» y que quería salir del grupo, con lo que puso a la terapeuta y a los demás miembros en la poco gratificante posición de intentar convencerlo de que permaneciera allí.

La composición de los grupos de orientación interpersonal y dinámica es heterogénea en cuanto a los problemas o las patologías subyacentes, pero los miembros son muy similares en lo que respecta a la fuerza del yo, a la orientación psicológica, a la motivación de cambio y a la capacidad de tolerar la estimulación interpersonal. Los objetivos de estos grupos no son simplemente el alivio del síntoma manifiesto o de la queja principal (ya que, como hemos visto, éstos pueden no representar, de hecho, la verdadera naturaleza del problema subyacente). Estos grupos proponen efectuar un cambio de carácter, acompañado de un cambio perdurable del comportamiento interpersonal. Con objeto de lograrlo, el aprendizaje interpersonal será el factor terapéutico más importante operante en el grupo.

Tareas y técnicas

La mayor parte de los grupos interpersonales y psicoanalíticos se reúnen una o dos veces por semana durante 90 minutos. El número óptimo de miembros es de ocho miembros, cuatro hombres y cuatro mujeres, con un equipo masculino-femenino de coterapeutas. Nuevos miembros sustituyen a los pacientes que terminan la terapia, pero el grupo es bastante estable, dado que la mayoría de los miembros, para efectuar un cambio terapéutico real, permanecen en el grupo durante uno o dos años.

Los miembros del grupo tienen la responsabilidad de proponer temas para iniciar cada sesión y de controlar el proceso de la reunión. Los líderes fomentan la continuidad entre las reuniones mediante la utilización de comentarios sobre el proceso durante las sesiones y/o mediante el empleo de resúmenes escritos entre ellas.

La tarea más importante de los coterapeutas es clarificar e interpretar el «aquí-ahora». Hasta cierto punto, el estilo y la formulación exactos de estas interpretaciones están en función de la ideología de los líderes y del tipo de grupo que tienen entre manos (grupo guestáltico, grupo psicodinámico, etcétera). Algunos líderes prefieren realizar una declaración de resumen al final de la reunión, mientras que otros prefieren intervenir siempre que se expresen sentimientos muy intensos, indicando, por ejemplo, que los miembros se distancien de la situación durante un momento e intenten comprender lo que está sucediendo en el grupo. Ciertos terapeutas esperan hasta haber comprendido a fondo el proceso grupal y entonces pasan a ofrecer una compleja y elaborada interpretación; otros intervienen mucho antes y expresan intuiciones o dan explicaciones provisionales y parciales.

El modo más eficaz de interpretar el proceso –ya que fija la norma de un grupo autónomo autocontrolador– es que el terapeuta intervenga y resuma los datos que tiene a mano, pidiendo luego a los miembros sus explicaciones respectivas. Por ejemplo: «No estoy muy seguro de lo que está pasando hoy en el grupo, pero me doy cuenta de que Philip y Roger están mirando el reloj, y de que Julie y Nigel intercambian miradas cada vez que habla Don. ¿Qué ideas tenéis sobre lo que está pasando?».

La fraseología y el vocabulario de los comentarios esclarecedores o interpretativos que pronuncia el terapeuta variarán según su tendencia ideológica. Sin embargo, el objetivo de estos comentarios es el mismo: capacitar a los miembros a comprender y asimilar los datos suscitados por las interacciones del grupo en el «aquí-ahora». Por medio de los comentarios que el líder (así como otros miembros) realiza sobre el proceso, los pacientes pueden alcanzar la comprensión de su autopresentación, el impacto que tienen sobre los sentimientos y las opiniones de los demás y, consiguientemente, su sentido de la valía personal.

Una vez que los pacientes han comprendido plenamente su reponsabilidad en esta secuencia de acontecimientos del grupo y, por analogía, también en la vida, pasan a enfrentarse con la pregunta: «¿Me siento satisfecho con esto?». Los terapeutas que acompañan a sus pacientes a lo largo de esta secuencia de acontecimientos acumulan gran influencia terapéutica y pueden ayudar a cada paciente a efectuar cambios perdurables en su vida interpersonal.

GRUPOS DE ORIENTACIÓN CONDUCTUAL, COGNITIVA Y EDUCATIVA

Los grupos de orientación conductual, cognitiva y educativa se centran en efectuar cambios diferenciados en un patrón conductual dado. Estos grupos pueden o no hacer uso explícito de las técnicas específicas de la terapia conductual o cognitiva *per se*, pero comparten objetivos similares para propiciar el cambio del comportamiento inadaptativo del paciente, y con frecuencia muestran características similares, como tener un carácter estructurado, composición cerrada y duración limitada. Más adelante, describiremos tres ejemplos representativos: los grupos para pacientes que padecen trastornos alimentarios, los grupos para alcohólicos y toxicómanos, y los grupos para pacientes con problemas médicos especiales.

Estos grupos varían en el empleo de los distintos factores terapéuticos, pero todos se basan en alto grado en la cohesión, la universalidad y la transmisión de información, así como en la utilización de estrategias cognitivas-conductuales para reducir la conducta inadaptativa. Algunos de los grupos hacen un uso limitado del aprendizaje interpersonal y de la autocomprensión.

Grupos de pacientes que padecen trastornos alimentarios

Consideraciones clínicas y objetivos

Los grupos de pacientes que padecen trastornos alimentarios incluyen grupos para personas obesas, así como para personas que padecen anorexia nerviosa o que muestran una conducta bulímica. Los pacientes obesos que se someten a tratamiento van desde aquellos que desean perder peso por razones puramente estéticas, hasta aquellos que padecen diversas dolencias médicas relacionadas con la obesidad. Presentan una variada extracción educativa, socioeconómica e interpersonal.

Los pacientes anoréxicos y bulímicos son, por lo general, mujeres jóvenes de posición social acomodada, que han recibido una buena educación, y que son descritas generalmente como «personas que intentan alcanzar objetivos muy elevados» y «perfeccionistas». Tanto las anoréxicas como las bulímicas tienen una imagen distorsionada de sí mismas («Estoy gorda y no soy atractiva»), y muestran preocupaciones similares acerca del control (y la falta de control) del yo y de la ingestión de comida. No obstante, los pacientes que muestran un comportamiento alimentario restrictivo no deben mezclarse con los pacientes bulímicos,[1,2] ya que cuando se trata conjuntamente a estas dos poblaciones de pacientes puede estallar una intensa rivalidad. Los sistemas de referencia alimentarios de los anoréxicos están rígidamente arraigados y su reducido peso constituye para las restantes pacientes –que no son anoréxicas– un constante recordatorio de sus propios objetivos irracionales del peso corporal ideal.

Los pacientes que padecen trastornos alimentarios –ya se trate de obesidad mórbida, de anorexia o de bulimia– mantienen en secreto su comportamiento alimentario anormal y su preocupación obsesiva por la imagen corporal y la comida. Para estos pacientes, un objetivo fundamental de la terapia de grupo consiste en ayudarlos a compartir esa preocupación. En segundo lugar, el grupo tiene como objetivo ayudar a los pacientes a controlar y comprender su conducta alimentaria (cuadro 1).

Tareas y técnicas

Los grupos de pacientes que padecen trastornos alimentarios están formados por un número que oscila entre los seis y los doce miembros, quienes, por lo general, se reúnen durante un número predeterminado de sesiones (generalmente entre ocho y dieciséis). Los grupos de anoréxicos y bulímicos son extremadamente homogéneos en lo que respecta al diagnóstico, al sexo y al grupo de edad, mientras que los grupos para pacientes obesos son algo más heterogéneos. Los pacientes con otros diagnósticos psiquiátricos importantes del Eje I quedan excluidos de los grupos de pacientes que padecen trastornos alimentarios.

El terapeuta tiene que trabajar enérgicamente desde la primera sesión para fomentar discusiones personales y objetivas sobre la imagen corporal y la ingestión de comida. Debido al secreto y a la vergüenza que rodea su conducta anormal acerca de la comida, los pacientes que padecen trastornos alimentarios experimentan el proceso de autorrevelación como una experiencia muy intensa. La autorrevelación propicia la cohesión inicial del grupo y fomenta la universalidad. Las discusiones abiertas sobre una imagen corporal distorsionada o sobre la ingestión anormal de comida, obligan asimismo a los miembros a reconocer y aceptar que éstas son las características esenciales de su enfermedad.

CUADRO 1. **Objetivos generales de los grupos de pacientes que padecen trastornos alimentarios**

- Autorrevelación sobre hábitos alimentarios anormales.
- Autorrevelación sobre la imagen corporal.
- Mayor comprensión de la interrelación entre la autoestima y los temas de autocontrol, imagen corporal y hábitos alimentarios.
- Reconocer las circunstancias que provocan un comportamiento alimentario anormal.
- Reconocer los afectos asociados con un comportamiento alimentario anormal.
- Educar sobre los principios básicos de una alimentación sana, sobre el ejercicio y sobre el metabolismo.
- Identificar las dificultades interpersonales relacionadas con el trastorno alimentario.

Se utilizan técnicas cognitivas-conductuales combinadas con la educación sobre la naturaleza de la enfermedad, sea ésta obesidad, anorexia nerviosa o simplemente atiborrarse de comida para después vomitar. El terapeuta de grupo enseña a los pacientes a buscar aquellas circunstancias de su vida cotidiana que provocan un comportamiento alimentario anormal (hartarse de galletas después de una angustiosa llamada telefónica de la madre, por ejemplo), y a cambiar sus patrones normales de pensamiento sobre el cuerpo y la comida («Si peso más de 50 kg se me acumula grasa en las caderas»). Los líderes también educan a los miembros acerca de los principios básicos de la nutrición y del metabolismo.

La mayor parte de los programas de grupo utilizan técnicas de autocontrol para ayudar a que los miembros del grupo entiendan los factores que influyen en su conducta alimentaria. Los líderes les piden que escriban un diario y que anoten en él la hora en que se produce la ingestión de comida y la cantidad, así como los pensamientos y los sentimientos que desencadenan y rodean el hecho de comer. Los pacientes aprenden a detectar los factores circunstanciales y psicológicos que conducen a los atracones y a los vómitos, y toman conciencia de las cogniciones y los afectos asociados a estos episodios. El terapeuta pide a cada paciente que comparta sus hallazgos con las demás participantes, fomentando así la identificación y el aprendizaje vicario.[3]

De una forma muy didáctica, el líder ayuda a los miembros del grupo a detectar y corregir sus cogniciones distorsionadas asociadas con la comida, con la autoestima y con la imagen corporal («Crees que tus padres sólo están orgullosos de ti debido a tu aspecto y a tus logros»). El terapeuta también puede animar a los pacientes a examinar algunos de sus problemas interpersonales relacionados con estas cuestiones, mediante la utilización del «aquí-ahora». Por ejemplo: «Kathy, nos has dicho que eres tan perfeccionista que te resulta difícil relajarte y hacer amigos en el colegio. Me pregunto si hoy no estás esforzándote por ser un miembro perfecto del grupo».

Los líderes aconsejan específicamente a los miembros que desarrollen conductas o estrategias alternativas siempre que experimenten la necesidad de caer en un comportamiento alimentario anormal («¿Por qué, cuando te sientas deprimida y quieras darte un atracón, no intentas llamar por teléfono a tu mejor amiga?»). Proporcionan refuerzo activo siempre que un paciente describe un nuevo comportamiento más saludable, y animan a los demás miembros del grupo a ofrecer *feedback* positivo.

Cuando se acerca el final del grupo, el terapeuta debe pronosticar que van a producirse recaídas, así como sugerir el modo de tratarlas. Se debe pedir a los miembros que, cuando recaigan, revisen los nuevos mecanismos de autocontrol que tienen a su disposición, así como las estrategias para reforzar la autoestima. Algunos líderes animan a la socialización posgrupal como modo de continuar el sistema de apoyo del grupo.

Grupos para alcohólicos y toxicómanos

En este apartado haremos referencia específica al tratamiento de los alcohólicos, aunque los principios básicos son aplicables a alcohólicos y toxicómanos en general.

Consideraciones clínicas y objetivos

Los grupos de alcohólicos y toxicómanos están dirigidos a dos categorías generales de pacientes: aquellos que están iniciando la recuperación y aquellos que se encuentran en curso de recuperación. Los pacientes que están iniciando su recuperación han pasado a una fase de abstinencia y han aceptado el hecho de que no pueden controlar el comportamiento que gira en torno a la utilización del alcohol. Este período inicial de abstinencia también es un período de dependencia activa, y los pacientes requieren una gran cantidad de apoyo y de actividad estructurada por parte de su programa de grupo.

El propósito de los grupos que se encuentran en la fase inicial de recuperación es, principalmente, ayudar a los pacientes a mantener la abstinencia y a lograr la sobriedad. Ello incluye apoyar a los pacientes a mantenerse sobrios, animarlos a que se hagan miembros de Alcohólicos Anónimos, encontrar comportamientos alternativos a la embriaguez y mantener el plan de tratamiento. Los objetivos de los grupos de recuperación inicial son esencialmente aquellos que consisten en afrontar la negación del paciente alcohólico, en otras palabras, en mantener la atención fija sobre el alcohol en todos y cada uno de los problemas que se planteen en el grupo (cuadro 2).

A medida que progresa la recuperación, los pacientes alcohólicos empiezan a experimentar relaciones compartidas e interdependientes con los demás, y adquieren la sensación de que la independencia interna es una fuente de fuerza y apoyo. «Gran parte del proceso de la recuperación en curso consiste en el desarrollo y la sintonización del yo en relación con un todo general.»[4] En este punto, cuando los pacientes alcohólicos y toxicómanos han superado sus negaciones con respecto a la utilización de sustancias (generalmente tras seis u ocho meses de tratamiento), empiezan a ser capaces de tolerar las interacciones de orientación interpersonal que tienen lugar en el escenario grupal y a aprender de ellas. Las metas de los grupos de recuperación en curso cambian, de este modo, del apoyo y del foco sobre el alcohol, al objetivo de un pausado aprendizaje interpersonal (cuadro 2).

El terapeuta que trabaja con pacientes alcohólicos que se encuentran en proceso de recuperación debe ser consciente de que gran parte de dichos pacientes son hijos adultos de alcohólicos (HAA). Algunos grupos pertenecientes a clínicas para el tratamiento del alcohol se forman específicamente atendiendo a esta condición e incluyen a miembros que no son alcohólicos,

CUADRO 2. **Características generales y objetivos de los grupos de alcohólicos y toxicómanos**

	Grupos de recuperación inicial	Grupos de recuperación en curso	Hijos adultos de alcohólicos
CARACTERÍSTICAS	Los miembros se encuentran en la primera fase de la abstinencia inicial	Los miembros se encuentran en la fase en curso de abstinencia	Los miembros pueden abusar o no de sustancias
	Los miembros se encuentran en un período de dependencia activa del grupo	Los miembros empiezan a adquirir una sensación de independencia	Los miembros emplean un conjunto de defensas características (negación, pensamiento exclusivista, necesidad de control, sentido hiperdesarrollado de la responsabilidad)
	Los miembros emplean a menudo muchas negaciones sobre el abuso de sustancias	Los miembros han superado las negaciones sobre el abuso de sustancias	
OBJETIVOS	Apoyo para mantener la sobriedad	Mantenimiento de la abstinencia actual	Afrontar el secreto del HAA: tener un padre/madre alcohólico
	Afrontar la negación sobre el abuso de sustancias	Utilizar el aprendizaje interpersonal para mejorar las relaciones interpersonales	Explorar las consecuencias de haber crecido junto a un padre/ madre alcohólico
			Ayudar a los pacientes a entender sus defensas características

pero sí HAA. Los HAA comparten la experiencia de haber crecido en el seno de una familia disfuncional, y los grupos de HAA tienen un alcance más amplio que aquellos que están dirigidos específicamente a alcohólicos y toxicómanos. El conjunto de los objetivos primordiales de un grupo de HAA está relacionado con ayudar a los pacientes a que comprendan sus maniobras defensivas características: negación («Tengo una maravillosa relación con mi mujer»), modo de pensar del tipo exclusivista («Mi hija es perfecta, pero mi hijo es imposible»), la necesidad de ejercer control, así como un sentido de la responsabilidad hiperdesarrollado. Inicialmente, el grupo deberá afrontar la cuestión más importante para cualquier HAA, es decir, desvelar el secreto de tener un padre/madre alcohólico/a y de ser hijo de una persona alcohólica. Más tarde, el grupo pasará a estudiar los efectos de haber crecido ocultando semejante secreto (cuadro 2).

Tareas y técnicas

Los grupos de pacientes externos para alcohólicos y HAA son propios de clínicas de psiquiatría general o especializadas en el tratamiento de las drogas y del alcohol. Los pacientes se remiten al grupo después de haber sido desintoxicados y dados de alta de una unidad de pacientes internos, o tras haberse inscrito en un programa de tratamiento para pacientes externos. Deben participar, en principio, en una terapia de grupo específicamente adaptada al estadio agudo de recuperación. Son grupos muy estructurados y emplean al máximo el apoyo; se reúnen diariamente, o al menos tres veces por semana, durante 60 o 90 minutos, a lo largo de un período de cuatro semanas. Los pacientes pasan entonces a grupos que se encuentran en el inicio de la recuperación y que se reúnen una o dos veces por semana, durante los siguientes seis a ocho meses de recuperación.

Los terapeutas que dirigen los grupos de recuperación inicial se centran en la sustancia de la que se ha abusado (por ejemplo, el alcohol) e intentan continuamente detectar y examinar los problemas que encuentran los miembros durante esta primera fase de abstinencia. Los pacientes introducen temas similares a los que se tratan en las reuniones de Alcohólicos Anónimos (AA), como aprender a vivir «el presente», y todos los miembros ofrecen *feedback* en torno a estos temas. El escenario grupal proporciona una estructura complementaria al modo no interactivo de las reuniones de AA.[4] A los pacientes que están iniciando su recuperación se les exige que asistan al mismo tiempo al menos a dos o tres reuniones semanales de AA.

El terapeuta que dirige grupos de recuperación inicial debe centrarse continuamente en el alcohol, debe poner en entredicho la utilización de la negación por parte de los pacientes y debe ayudar a los pacientes que abusan de sustancias a cambiar su identidad y creencias básicas. Los líderes emplean técnicas educativas (enseñar a los pacientes los efectos físicos y psicológicos del alcohol), así como intervenciones conductuales y cognitivas (enseñar a los pacientes a detectar las circunstancias que los llevan a beber y a idear estrategias alternativas).

En algunos programas de tratamiento, se prefiere emplear al menos un coterapeuta que sea un alcohólico en vías de recuperación. Todos los terapeutas que trabajan con alcohólicos deben haber observado las reuniones de AA y estar familiarizados con ellas. Los líderes que deseen llevar a cabo un trabajo eficaz deben conocer las técnicas de apoyo empleadas por Alcohólicos Anónimos, incluyendo los Doce Pasos, las Doce Tradiciones, los lemas de AA y el empleo de un «padrino»: «Así que tienes la impresión de que vas a recaer... ¿Estás siguiendo tus doce pasos? ¿Tienes un "padrino"?».

Los líderes tienen que enfrentarse continuamente a la negación, a las excusas, a las justificaciones y a las rudimentarias defensas –como la culpa, la proyección o el humor sarcástico– que tienen lugar en torno al abuso de sustancias. Aunque en ocasiones los pacientes querrán discutir por qué beben, o desearán mencionar cuestiones genéticas, de desarrollo, de HAA o de codependencia, el terapeuta que trabaja con un grupo que está iniciando la recuperación tratará esa clase de comportamiento como una maniobra defensiva ulterior y, en su lugar, volverá a centrar la atención del grupo sobre el alcohol: «Así que te vuelven muchos recuerdos de tu infancia. ¿Cómo afectan ahora esos recuerdos a tu comportamiento respecto a la ingestión de alcohol?».

El trabajo del «aquí-ahora» en un grupo que está iniciando la recuperación tiene como objetivos la creación de vínculos positivos y constructivos entre los miembros, y ayudar a los pacientes a analizar y cambiar el comportamiento que obstaculiza la recuperación: por ejemplo, el hecho de no estar dispuestos a pedir ni aceptar apoyo de los demás, la arrogancia o el orgullo que les impide admitir su impotencia ante el alcohol.

Un grupo que se encuentra en la fase inicial de recuperación puede convertirse en un grupo en curso a medida que los pacientes superan la fase de negación y empiezan a trasladar el foco desde el alcohol hacia cuestiones de orientación más interpersonal. Los grupos de recuperación en curso permiten, e incluso exigen, una experiencia grupal interactiva y orientada hacia el proceso, y se parecen cada vez más a los grupos de pacientes externos a largo plazo para pacientes no alcohólicos. El reconocimiento de las diferencias, la activación del «aquí-ahora», así como el *feedback* interpersonal, son ahora una parte clave del trabajo del grupo, que sustituye el énfasis inicial en el apoyo de los grupos que estaban iniciando la recuperación.

Los individuos que participan tanto en los grupos de recuperación inicial como en los de recuperación en curso pueden recaer. La recuperación siempre es lo más importante, y el individuo que ha recaído debe volver a centrarse primordialmente en la abstinencia y seguir los dictados de AA. En un grupo de recuperación en curso más maduro y orientado hacia el proceso, el grupo en su conjunto no tiene por qué volver a centrarse sobre el alcohol, pero los miembros del grupo y los terapeutas tienen que ser conscientes de que la compulsión alcohólica es muy fuerte, y de que el paciente que ha recaído necesitará un apoyo considerable y explícito por parte del grupo.

En los grupos HAA, o en un grupo de recuperación en curso maduro que se enfrente a temas relacionados con los HAA, el líder debe prestar especial atención a otras preocupaciones técnicas. En primer lugar, debe fijar una estructura externa muy clara, que incluya información y expectativas coherentes sobre cuestiones de tiempo y honorarios relacionadas con el grupo. Estos límites externos hacen que el grupo resulte seguro para los pacientes HAA, quienes, debido a su procedencia familiar, son sumamente sensibles a las amenazas de trastorno, a la falta de formalidad o de control y a la incoherencia.

En segundo lugar, los terapeutas que trabajan con grupos de HAA deben utilizar el apoyo directo junto con la transparencia. Dado que los pacientes HAA han crecido en el seno de familias en las que la negación era la norma, tienen especial necesidad de un líder de grupo que sea claro, franco, sincero y que trabaje sistemáticamente para sacar a la luz comportamientos ocultos en el seno del grupo, a fin de que puedan examinarse de forma discreta y segura. Además, debido a su educación caótica e indisciplinada, los pacientes HAA luchan constantemente con preocupaciones sobre lo que es normal en términos de sentimientos, reacciones y comportamiento. Los terapeutas deben ofrecer afirmaciones tales como: «En una situación así, yo me habría sentido muy dolido y enfadado». Ello transmite una información clara y de apoyo sobre las experiencias emocionales del terapeuta.

Los líderes de los grupos de HAA deben moverse rápida y decididamente entre las experiencias del pasado y la influencia que éstas ejercen sobre el comportamiento en el «aquí-ahora»: «Philip, tú tenías que fingir no darte cuenta de nada cuando en una fiesta tu madre hacía una escena. Me pregunto si te resulta difícil reconocer que hoy Sylvie está realmente irritada». Los pacientes que son hijos adultos de alcohólicos pueden parecer capaces, agradables, dóciles y con metas muy elevadas, pero, con frecuencia, son muy frágiles. Cuando están bajo presión (en el escenario grupal, esto se traduce en miedo a perder el control en el grupo), vuelven rápidamente a sus conocidas defensas (véase el cuadro 2).

Los líderes de los grupos de HAA en particular, y de los grupos de alcohólicos y toxicómanos en general, deben prestar especial atención a las cuestiones de contratransferencia que se plantean durante su trabajo. Deben evitar identificarse demasiado con sus pacientes HAA, que son personas hiperresponsables, dóciles y presentan un gran autocontrol, del mismo modo que deben evitar dejarse llevar por la frustración e irritación que les hace sentir el comportamiento servil o de evitación mostrado por los pacientes que se encuentran en la fase inicial de recuperación. La supervisión o la consulta son útiles para ayudar al terapeuta a examinar su propia codependencia y sus problemas relacionados con los HAA.

Grupos de pacientes con problemas médicos especiales

Consideraciones clínicas y objetivos

Los grupos de terapia para pacientes que se encuentran en escenarios médicos especializados, tales como los hospitales o las clínicas especializadas, están organizados según un proceso común de enfermedad (por ejemplo, infarto de miocardio, diabetes, esclerosis múltiple) y tienen lugar en un emplazamiento médico, como puede ser una unidad de cuidados intensivos, una unidad para el tratamiento del cáncer, una clínica o una unidad de hemodiálisis. Están dirigidos por profesionales de la salud mental y por otros trabajadores de la asistencia sanitaria que han recibido una formación especializada sobre la enfermedad y el tratamiento de los pacientes. Dichos grupos pueden obedecer a un esquema fijo, con una composición constante, durante un número limitado de sesiones, o pueden ser grupos en curso, abiertos a miembros que asisten cuando lo necesitan, y en los que se tratan temas diversos que surgen espontáneamente en el grupo. En ocasiones, los familiares de los pacientes se incluyen en este tipo de grupo.

Los grupos de problemas relacionados con una especialidad médica tienen varios objetivos: 1) humanizar el escenario en el que tiene lugar el tratamiento; 2) potenciar la cooperación con el tratamiento médico; 3) infundir esperanza a los miembros; 4) transmitir información sobre problemas de salud específicos y sobre cambios necesarios en el estilo de vida.

Tareas y técnicas

Los grupos de terapia de breve duración que tienen lugar en un contexto médico siempre se inician con las principales preocupaciones de los pacientes, es decir, con la gestión directa y el impacto de su enfermedad. En los grupos a largo plazo de duración ilimitada –como los grupos de diálisis o de cáncer– con el tiempo pueden surgir otras preocupaciones de orientación interpersonal, que pueden abordarse con tacto.

Los pacientes que padecen enfermedades médicas graves, con frecuencia aprenden a expresar sus sentimientos por medio de dolencias físicas, y el terapeuta debe ser en sumo grado consciente de este recurrente tema interpersonal. Los sentimientos de ira hacia aquellas personas de las que depende el paciente, la depresión y los sentimientos de desesperación pueden traducirse en una letanía de quejas somáticas. Los pacientes médicamente enfermos también expresan con frecuencia su negación o rebeldía por medio del incumplimiento del tratamiento o saboteando los planes médicos.

Los grupos para pacientes que sufren enfermedades graves no asumen ni sugieren que las enfermedades de los miembros del grupo estén causadas por la estructura de su personalidad o por sus deseos, impulsos o conflictos inconscientes. El líder evita todo tipo de interpretaciones del proceso. En su lugar, hace hincapié en las habilidades positivas de afrontamiento, en el altruismo y en las interacciones útiles que tienen lugar entre los miembros del grupo. Los terapeutas animan activamente a los pacientes a estar a disposición de los demás como fuente de información, de comportamiento imitativo y de apoyo. Se aconseja enérgicamente la socialización extragrupal.

Los límites de los grupos con problemas médicos especiales no son rígidos. Puede incluirse a los cónyuges, a los amigos y a otros familiares, regular o intermitentemente, con objeto de que obtengan información sobre los problemas médicos de los pacientes. El terapeuta ayuda a los pacientes y a sus familias a salir del error en que consiste la fantasía de pensar que, de alguna manera, se los puede culpar de la enfermedad. Se presta atención a fomentar cambios en el estilo de vida, o en otras pautas habituales que pueden incidir negativamente en la enfermedad, así como a destacar el hecho de que la enfermedad es un asunto familiar en el que todos los miembros de la familia pueden y deben participar.

Grupos de apoyo

Los grupos de apoyo están ampliamente difundidos tanto en el movimiento de autoayuda como en el contexto profesional. En el contexto lego, los grupos de autoayuda se forman en torno a un problema vital o a una situación vital en concreto y, por lo general, carecen de líder. En los últimos años ha aumentado su número. Los grupos de apoyo dirigidos por un profesional utilizan a un terapeuta cualificado.

Al igual que sucede en los grupos con problemas médicos, los grupos de apoyo reducen el miedo, la ansiedad y el aislamiento que rodean a una situación particular mediante mecanismos de universalidad y de aprendizaje vicario. Se fomenta enormemente el desarrollo de nuevos mecanismos de afrontamiento y estrategias de conducta.

Consideraciones clínicas generales y objetivos

Los grupos de apoyo tienen una composición homogénea que consiste en varios miembros unidos en su lucha contra un problema que todos aceptan como común. Esta clase de grupo está organizado en torno a problemas o síntomas vitales compartidos. Los ejemplos incluyen grupos para fóbicos, para personas que se están adaptando a una situación de divorcio, para cónyuges de enfermos de Alzheimer, para personas aquejadas de sida, para enfermos terminales, para víctimas de violaciones y para veteranos de guerra.

Los grupos de apoyo están patrocinados por un gran número de organizaciones religiosas y laicas, y las sesiones se celebran dentro de un espectro extremadamente amplio de escenarios para pacientes externos, que abarcan desde la sala de reunión de una iglesia hasta la de una clínica, pasando por los centros comunitarios. El número de miembros varía ampliamente, dependiendo del escenario y de la organización patrocinadora: un grupo de apoyo para divorciados que se reúne a lo largo de tres meses en un centro comunitario puede tener quince miembros, mientras que un grupo en curso bisemanal de crisis por violación que se celebre en un servicio de asesoramiento para mujeres puede tener sólo tres o cuatro miembros, que además cambien frecuentemente.

Tareas y técnicas generales

Los grupos de apoyo homogéneos se basan en el hecho de que destacar el esfuerzo común es una terapia efectiva para muchas personas. El terapeuta utiliza las similitudes entre los miembros del grupo para promover una sensación de universalidad y cohesión. Ello ayuda a combatir los sentimientos de aislamiento y desmoralización que se producen cuando alguien siente que es la única persona que sufre en el mundo.

El supuesto subyacente, desde el punto de vista de los miembros del grupo, es que las personas que se encuentran en las mismas circunstancias son quienes mejor pueden ayudarnos, ya que las del exterior no comprenden plenamente los problemas excepcionales que tenemos. Dado que los miembros de un grupo de apoyo comparten tantas experiencias y pueden ver lo que se oculta tras la fachada de cada uno, pueden exigir que cada individuo confiese pensamientos, sentimientos y acontecimientos que son comunes a todos ellos. Por ejemplo, se puede cuestionar enérgicamente la decisión tomada por un drogadicto, que participa en un grupo de apoyo para veteranos de guerra, de «evadirse» y «colocarse» cuando experimenta los mismos *flashbacks* de combate que los demás miembros.

El líder de un grupo de apoyo anima a los miembros a verse a sí mismos como individuos que reaccionan al estrés, más que como personas que tienen conflictos intrapsíquicos o interpersonales. El terapeuta no sólo ayuda a los miembros a enfrentarse a aquello que es inadaptativo o patológico en el comportamiento de cada cual, sino también a prestar apoyo y a encontrar lo bueno que hay en los demás. Utiliza frecuentemente una orden del día clara, y ejercicios estructurados, así como estrategias de resolución de problemas y consejos.

Como ejemplo clínico, digamos que una residente que trabajaba en una unidad para el tratamiento del sida, dijo durante una reunión semanal de un grupo de apoyo que los casos de los que se ocupaba la hacían sentirse abrumada y deprimida. Los enfermeros comentaron que la residente nunca mostraba preocupación ni tristeza, y sugirieron que empezara a pedirles ayuda, en lugar de mantener una fachada de confianza y seguridad en sí misma. A la semana siguiente, la residente empezó a pedir ayuda y apoyo siempre que la condición clínica de sus pacientes le provocaba ansiedad. Cuando el grupo de apoyo volvió a reunirse, el líder animó a los miembros a proporcionar *feedback* positivo para el nuevo comportamiento de la residente.

Grupos de duelo y otros grupos para personas que han sufrido acontecimientos vitales catastróficos

Consideraciones clínicas y objetivos

Los grupos de apoyo para individuos que han perdido recientemente a un ser querido, que están en trámites de divorcio o que se enfrentan a una enfermedad terminal, son similares, en cuanto los miembros del grupo se dan cuenta de que tienen que ocuparse tanto de cambios muy concretos en su estilo normal de vida, como de cuestiones existenciales abstractas y complejas. Los grandes acontecimientos vitales y los cambios que se producen en el estilo de vida son angustiosos para el individuo en un nivel práctico y cotidiano, y el grupo proporciona una gran cantidad de ayuda a los participantes en este nivel. Sin embargo, los miembros de esta clase de grupo se entregan con frecuencia a discusiones sobre cuestiones vitales más profundas: el sentido de la vida, la dirección que han tomado sus vidas, así como sus valores y aspiraciones personales.

El duelo es un momento de pérdida y estrés máximos. La persona que ha perdido a un ser querido (y otras personas que se enfrentan a acontecimientos vitales catastróficos) experimentan la pérdida de un rol definitorio importante, un cambio en sus relaciones sociales, así como una confirmación de su propia mortalidad. El objetivo de los grupos de apoyo de duelo consiste en crear un escenario en el cual las personas que han enviudado recientemente puedan compartir sus experiencias y, al hacerlo, puedan formar una comunidad temporal en la que se sientan profundamente comprendidas por sus compañeros de grupo.

Con ello se consigue un triple efecto:

1. Las reuniones del grupo ayudan a combatir el aislamiento social que resulta omnipresente para las personas que han perdido recientemente un ser querido.

2. Las discusiones proporcionan una sensación de universalidad a los miembros, que sufren un gran dolor y sentimientos de pérdida.

3. El grupo proporciona apoyo a los miembros a medida que éstos empiezan a examinar los cambios en su estilo de vida, y a explorar los nuevos contornos de su futuro.

Tareas y técnicas

Los grupos de duelo para viudos y viudas están organizados por centros comunitarios, por organizaciones religiosas y por organizaciones privadas de autoayuda sin ánimo de lucro. Muchos de ellos se celebran durante un número limitado de sesiones (entre ocho y doce) y son grupos cerrados, aunque algunos tienen carácter abierto.

Por lo general, los grupos para aquellas personas que se enfrentan a acontecimientos vitales catastróficos, como es el duelo, obtienen un gran éxito. Los miembros participan muchísimo; se caracterizan por un elevado grado de confianza, cohesión y autorrevelación; las reuniones son, con frecuencia, intensas y la asistencia es excelente. Investigaciones recientes atestiguan posteriormente la eficacia de los grupos organizados para personas que han enviudado: tras un año de seguimiento, y en comparación con una población de control que no participó en un grupo, ciertos viudos y viudas que sentían un elevado nivel inicial de aflicción se vieron enormemente apoyados al asistir durante ocho sesiones a un grupo que empezó a reunirse seis meses después de que enviudaran.[6]

Los líderes deben establecer normas para crear un grupo seguro capaz de prestar apoyo, tienen que fomentar un pausado repaso del proceso, y deben realizar intervenciones en el «aquí-ahora», siempre que ello sea apropiado, adaptándolas a cuestiones específicas del duelo y del cambio personal, a medida que éstas se planteen en el grupo. Por ejemplo, cuando Mary –una mujer metódica y tímida que siempre había estado subordinada a su bullicioso marido– expresó su preocupación por acaparar demasiado tiempo en un grupo de viudos, el terapeuta se concentró en su abnegación por medio del análisis de su sentimiento: «¿Qué opinan otros miembros sobre ello? ¿Cuáles son los "*debería*" de comportamiento en este grupo? ¿De dónde proceden?».

Una intervención que se centre en los «debería» –en las expectativas sociales de comportamiento personales o percibidas– tendrá especial relevancia en los grupos de personas que han pasado por acontecimientos vitales catastróficos. A los miembros del grupo los parece indefectiblemente útil reflexionar sobre el yugo de «deberías» que les esclaviza: debería llorar su muerte durante todo un año; debería deshacerme rápidamente de todas las pertenencias de mi cónyuge; no debería estar sola durante el fin de semana; no debería tener una nueva relación sexual durante un cierto período de tiempo.

CUADRO 3. **Temas fundamentales en los grupos de apoyo para personas que han perdido a un ser querido**

Cambio:	¿Cómo se realiza la transición del «nosotros» al «yo»?
	¿Quién soy?
	¿Qué me da mi sentido de mí mismo, de mi propia identidad?
Tiempo y ritual:	¿Durante cuánto tiempo debo llorarlo?
	¿Por qué resultan tan útiles los rituales?
Nuevas relaciones:	¿Cuánto tiempo debe transcurrir hasta que puede iniciar una nueva relación amorosa?
	¿Consituye un nuevo amor una traición al cónyuge fallecido?
Cuestiones existenciales:	He trabajado mucho y no he molestado a nadie. ¿Por qué es tan injusto el destino?
	¿Qué he aprendido sobre mi propia mortalidad?
	¿Cómo puedo vivir plenamente la vida que me queda?
	El sentido que la vida tenía para mí era ser una esposa (esposo). ¿Cómo puedo encontrar ahora un sentido? A nadie le importa que viva o muera. Estoy sola (solo) y soy libre.

Dado que la pérdida es un tema fundamental para los miembros de los grupos de duelo, el papel que representa el líder como cronometrador es muy importante. En los grupos de tiempo limitado, los terapeutas pueden animar a los miembros del grupo mediante la poderosa herramienta que supone prevenir el arrepentimiento: «Sólo quedan cuatro reuniones. Si el grupo finalizara ahora su existencia, ¿qué te pesaría no haber compartido con nosotros?».

Los ejercicios estructurados específicos, como pedir a los miembros que traigan fotografías de boda, son útiles a la hora de obtener nuevo material de discusión, o para promover la autorrevelación. En general, los terapeutas deben estar muy atentos a la duración de los ejercicios estructurados, a fin de no obstaculizar las interacciones y discusiones más espontáneas que surgen en un grupo de duelo.[7]

Los terapeutas deben conocer bien las cuestiones y temas que preocupan a las personas que han enviudado (o a otras personas que se enfrentan a sucesos vitales catastróficos) para facilitar la aparición y la discusión de dichos temas en el escenario grupal. Los temas más importantes para las personas que han perdido a un ser querido son el cambio, el tiempo y el ritual, las nuevas relaciones y las cuestiones existenciales (cuadro 3). Para las personas que han enviudado, hay dos temas que tienen un contenido especialmente rico y una cierta interrelación: el tema del cambio (la transición del «nosotros» al «yo») y el tema existencial de responsabilizarse de uno mismo y de la propia vida. Durante el transcurso de los grupos de duelo, los líderes deben ser conscientes de que los miembros se debaten en complejas cuestiones de crecimiento, identidad y responsabilidad respecto al futuro.

Grupos de apoyo para profesionales

Consideraciones clínicas y objetivos

Los grupos de apoyo para profesionales han sido concebidos para ayudar a los profesionales a arreglárselas en un entorno laboral lleno de estrés, como sucede en las unidades de cuidados intensivos (UCI), en los programas para la formación de residentes, en las unidades de enfermos de sida y, en ocasiones, en ciertos escenarios corporativos. En esta clase de grupos afloran muchas quejas relacionadas con el trabajo y con la preocupación por el *burn-out* profesional. Ejemplos corrientes incluyen:

1. La frustración debida a una carga de trabajo excesiva, y a un personal insuficiente o a un apoyo administrativo inadecuado.
2. La ira debida a la distribución del poder real o percibido.
3. Los sentimientos de inseguridad e incompetencia provenientes de una enorme responsabilidad profesional y de la constante presión de tener que rendir en una situación de estrés.
4. Los choques de estilo interpersonal con los compañeros de trabajo.

Aquellos que trabajan en profesiones asistenciales, y aquellos que lo hacen en un marco clínico, acarrean la carga adicional de tener que enfrentarse continuamente a temas de pérdida, irreversibilidad, desfiguración y muerte.

En algunos casos, los grupos de apoyo para profesionales se organizan como respuesta a una crisis o catástrofe concreta, como sucede cuando los clínicos administrativos encargados de gestionar un servicio psiquiátrico organizan una gran reunión para el personal con objeto de ocuparse de cambios de gestión. Las reuniones de grupo pueden continuar semanal o mensualmente, o como parte de un taller o seminario anual. La responsabilidad de organizar grupos de apoyo recae generalmente sobre los administradores o sobre los individuos situados en el nivel de gestión, quienes pueden decidir que un asesor externo dirija o guíe el grupo.

El objetivo general de los grupos de apoyo para profesionales consiste en incrementar la comunicación sobre cuestiones relacionadas con el trabajo, y en reducir la tensión emocional superflua en el lugar de trabajo. La interacción entre las necesidades del individuo y las de la organización o estructura profesional (por ejemplo, las necesidades del personal frente a las de los clientes de una clínica para el tratamiento de alcohólicos y toxicómanos) es, generalmente, uno de los temas subyacentes más poderosos en el seno del grupo. Las sesiones pueden estar asimismo estrictamente orientadas hacia los problemas, y pueden tener metas específicas, como enseñar al personal a enfrentarse a un paciente insultante y grosero, ayudar a los miembros a elaborar estrategias para organizar el tiempo de una forma más eficaz, o enseñar ejercicios de relajación.

Tareas y técnicas

El terapeuta que dirige un grupo de apoyo para profesionales intenta propiciar una atmósfera cordial y abierta, en la cual los problemas comunes se examinen en su conjunto, en lugar de fomentar un ambiente analítico que anime al escrutinio profundo del conflicto intrapsíquico. En un principio se evitan las cuestiones que no provengan del lugar de trabajo, pero el impacto que ejercen los sucesos acontecidos en la vida privada, como el matrimonio, el divorcio, la maternidad, el permiso de maternidad y otros acontecimientos similares, acaban por salir a la superficie y tienen que examinarse en la medida en que afectan al rendimiento profesional.

Una vez que los organizadores del grupo de apoyo han decidido qué esquema adoptar (por ejemplo, el departamento de recursos humanos de una pequeña empresa de *software* pide a un terapeuta que dirija seis reuniones «para solucionar problemas» con todos los empleados que trabajan en el nivel de gestión), el líder debe empezar a estructurar las sesiones. Es importante –especialmente durante las primeras reuniones– que el grupo no se concentre demasiado en el comportamiento o en el problema de ninguno de sus miembros. En su lugar, los miembros deben intentar encontrar problemas que sean comunes a todos los individuos que constituyen el grupo. Con frecuencia, los grupos se esfuerzan por detectar un «paciente», ya que ello proporciona un tema atractivo y sirve de catalizador en las primeras sesiones; sin embargo, pronto desemboca en la búsqueda de cabezas de turco y resulta contraproducente.

En su lugar, el terapeuta debe fomentar el altruismo y los consejos, pidiendo a los miembros más experimentados que compartan con los demás los medios que emplean para afrontar el estrés que conlleva el entorno laboral, así como que describan los problemas que aún les resulta difícil dominar. Si el grupo está irritado, entonces lo mejor será conseguir que los miembros identifiquen sistemática y abiertamente el estrés y las frustraciones fundamentales, en lugar de hacer que dichos sentimientos se filtren indirecta y oblicuamente en el grupo («Estas reuniones interfieren realmente con los plazos que hay que mantener en mi departamento»). El terapeuta deberá valorar con mucho cuidado las expresiones de conflicto y de sentimientos hostiles. Si la ira o los enfrentamientos directos se expresan demasiado pronto o demasiado enérgicamente, pueden resultar amenazadores para la cohesión grupal.

Los diversos grupos de apoyo para profesionales varían en su capacidad general de integrar las interacciones del «aquí-ahora». Por ejemplo, un grupo para residentes de psiquiatría será ciertamente capaz de beneficiarse de la activación del «aquí-ahora» y del esclarecimiento del proceso. A un grupo de apoyo organizado en una unidad de cuidados intensivos para las enfermeras que trabajan continuamente en la primera línea de fuego, puede que no le resulten útiles las mismas intervenciones; para empezar, los miembros pueden poner más de su parte en tratar el estrés relacionado con su trabajo, y pueden, en un principio, no estar interesados en afrontar las tensiones interpersonales que se producen entre el personal. Sólo en un momento posterior, cuando se hayan desarrollado sentimientos positivos y una interdependencia mutua, podrán explorarse suavemente, y mediante el ofrecimiento de apoyo, las tensiones interpersonales y las deficiencias en el rendimiento.

Los profesionales que trabajan en carreras que les exigen mucho, en ocasiones se sienten poderosos, competentes y eficaces, pero en otras tienen la impresión de ser impostores y los embarga una sensación de impotencia e inutilidad. La sensación de eficacia se puede incrementar alentando a los miembros a que detecten y analicen las cuestiones específicas que amenazan su sentimiento de competencia. También se los puede animar a que lleguen a un consenso en torno a un reto concreto. Por ejemplo, los miembros de un internado de psicología sentirán aumentar su sensación de poder cuando actúen como grupo para enfrentarse a una decisión administrativa que afecta a su formación. Al mismo tiempo, el líder de un grupo de apoyo para profesionales debe evitar promover un comportamiento que represente simplemente una pura actuación por parte del grupo en torno a una cuestión inestable, o de crear una situación tan densa, en el seno del grupo, que sean inevitables la escisión y la formación de subgrupos.

El *burn-out* es un tema especialmente importante en los grupos de profesionales que están muy ocupados. Los miembros dicen ser incapaces de olvidar su trabajo cuando no están trabajando, o haber perdido la capacidad de sentir placer, de jugar o de relajarse de verdad. Algunos son adictos al trabajo, o depresivos, o están crónicamente descontentos con su lugar de trabajo. Muchos de ellos son alcohólicos y toxicómanos. El terapeuta de grupo puede emplear y enseñar técnicas físicas o psicológicas para reducir la tensión, tales como ejercicios de relajación, imaginario dirigido y autohipnosis. Estas técnicas tienen especial importancia durante los retiros de fin de semana o los encuentros prolongados.

Lo mejor es reunir los grupos de apoyo para profesionales durante un número finito de sesiones o dentro de un marco temporal también finito. Con ello se destaca el hecho de que los miembros del grupo están básicamente sanos, tienen una capacidad intacta para afrontar y resolver problemas, y no necesitan someterse a un tratamiento formal. Esta clase de grupos de apoyo subrayan la fuerza y la competencia de los profesionales, a quienes se alienta a ver su propio comportamiento como reacción a las presiones ambientales de su lugar de trabajo. Resulta útil mantener a los grupos de apoyo para profesionales limitados en el tiempo, pero a la vez como parte de una pauta continuada y repetitiva que se programa y comunica por adelantado (como puede ser un encuentro anual para profesionales). Este esquema ayuda a integrar nuevos miembros y permite volver a examinar periódicamente el estrés profesional, las habilidades para afrontarlo y las interacciones interpersonales que se producen en el lugar de trabajo.

GRUPOS DE MANTENIMIENTO Y DE REHABILITACIÓN

Los grupos de mantenimiento y rehabilitación tienen como objetivo tratar, en diversos escenarios externos, a pacientes que padecen enfermedades mentales o problemas conductuales crónicos. Gran parte de los mismos principios generales que tratamos en el apartado sobre los grupos de pacientes internos crónicos en el capítulo 7 pueden aplicarse también a esta población.

Grupos de hospitales de día y grupos de tratamiento residencial

Los hospitales de día y los centros de reinserción social desempeñan dos papeles: proporcionan una situación de alojamiento transitorio a los pacientes que se han dado recientemente de alta de un hospital, y proporcionan un marco de tratamiento en curso, estable y estructurado a pacientes que de otra manera deberían ingresarse.

Consideraciones clínicas y objetivos

En los hospitales de día y en los centros de reinserción social, los pacientes, o bien pasan el día o bien residen en un complejo, en el cual se proporciona un programa de tratamiento estructurado global con deberes y actividades organizados. Los programas emplean la terapia ocupacional, las actividades de ocio, los ejercicios y las salidas, y la psicoterapia de grupo. Los distintos programas de tratamiento se ocupan de poblaciones clínicas muy diferentes. Algunos hospitales de día y centros de reinserción social trabajan con una población mezclada de pacientes que sufren enfermedades psicóticas crónicas, además de otros que padecen una mezcla de diferentes diagnósticos psiquiátricos. Otros programas de tratamiento de día o residencial excluyen a aquellos pacientes que requieren medicación psicotrópica o que tienen un historial de psicosis. Por lo general, los pacientes que suponen un grave reto conductual, que son activamente suicidas o psicóticos graves, no son apropiados para esta clase de programas.

La meta general de los hospitales de día y de los centros de reinserción social es actuar sobre la vida real y hacer hincapié en tareas reales. Los pacientes que participan en estos programas, por lo general, trabajan regularmente a tiempo parcial, bien en un trabajo remunerado, en un trabajo de voluntariado o en diversas tareas prácticas en el lugar de residencia. Las reacciones de los pacientes ante estas actividades laborales estructuradas y el modo en que se ocupan de ellas, son un material importante que debe analizarse en las reuniones de grupo.

Los hospitales de día y los programas de tratamiento residencial emplean tres clases diferentes de grupos, que persiguen tres conjuntos distintos de objetivos en sus programas de tratamiento:

1. Las estrategias interpersonales de los pacientes se analizan en pequeños grupos.

2. Se crean situaciones verosímiles centradas en la cooperación y la responsabilidad en escenarios orientados hacia una tarea, o en escenarios de grupos de tarea, como las reuniones de comunidad.

3. El aprendizaje de habilidades sociales tiene lugar en grupos sociales controlados.

Además, los programas de tratamiento de los hospitales de día y residencial se elaboran en torno a otras tres características importantes:

1. Reglas específicas de conducta permisible.

2. Un cuerpo electo de gobierno constituido por pacientes que toman parte en el programa de tratamiento.

3. Agendas fijas para al menos algunas de las reuniones de grupo, como las reuniones diarias de comunidad.

La manera en que los distintos pacientes reaccionan ante las reglas y normas, por ejemplo, o en que participan en el autogobierno, revela rápidamente aspectos de su personalidad y de su psicopatología que pueden analizarse luego en el trabajo de grupo.[8] La meta general de estos grupos es lograr rehabilitación y apoyo (cuadro 4).

Tareas y técnicas

Los hospitales de día y los programas residenciales celebran reuniones diarias de comunidad en las que participan todos los miembros, así como sesiones de tratamiento con menos participantes que se reúnen de tres a seis veces por semana. Las reuniones de comunidad están organizadas generalmente por el cuerpo de gobierno elegido por los pacientes y disponen de agendas fijas (distribución de tareas, resolución de quejas generales, planificación de salidas). Los grupos de tratamiento oscilan entre cuatro y ocho pacientes que se reúnen regularmente con uno o dos terapeutas para concentrarse en cuestiones específicas interpersonales o relativas a las habilidades sociales.

Habida cuenta de que el precepto subyacente al programa de tratamiento es proporcionar una estructura segura y útil a los pacientes, parte de la tarea del trabajo de grupo consiste en apoyar y reforzar la estructura del programa; por ejemplo, examinando las tensiones que se producen entre los pacientes o entre los pacientes y el personal. A diferencia del trabajo en un grupo prototípico de interacción, en el hospital de día o en el grupo de tratamiento residencial las normas establecidas de comportamiento (o la responsabilidad de los miembros del grupo respecto a cambiar las normas) no pueden cuestionarse. Por el contrario, las reacciones de los pacientes frente a las normas establecidas y frente a las expectativas de conducta constituyen una importante información terapéutica y forman parte del material analizado en el trabajo de grupo.

CUADRO 4. **Objetivos de los grupos de tratamiento de los hospitales de día y de los grupos de tratamiento residencial**

• La restitución del nivel apropiado de rendimiento psicológico.
• La corrección de las estrategias interpersonales inadaptativas.
• Mejorar el funcionamiento de los pacientes en un entorno estructurado y orientado hacia las tareas.
• Prestar apoyo a los esfuerzos que realizan los pacientes para desarrollar nuevas habilidades y mecanismos de afrontamiento en escenarios sociales y laborales.

Deben existir expectativas claras con respecto a la asistencia puntual y a la comunicación sincera durante las reuniones. Los líderes de grupo deben desanimar activamente la formación de subgrupos y la búsqueda de cabezas de turco, y deben ayudar a los miembros a que aprendan que su progreso está íntimamente relacionado con el progreso que realizan los demás. El compacto sistema de estructuras de comité, actividades diarias y sesiones grupales, sitúa a los pacientes en la posición de asumir conjuntamente la responsabilidad de su propio bienestar y del de los demás. El terapeuta anima a los pacientes a ser activos en diversos frentes, para de este modo obtener un mayor dominio sobre sus vidas y desarrollar nuevos patrones interpersonales.

Grupos de clínicas de medicación y grupos crónicos de asistencia durante la convalecencia

Consideraciones clínicas y objetivos

Los grupos de las clínicas de medicación y los grupos crónicos de asistencia durante la convalecencia están destinados a los enfermos mentales crónicos y tienen varias metas: ofrecer educación sobre la medicación psicotrópica, discutir los efectos secundarios de la medicación, incrementar la conformidad de los pacientes externos con la planificación del tratamiento, y proporcionar apoyo y socialización.[9-11]

Los grupos se reúnen por lo general desde una vez a la semana a una vez cada dos semanas, y, en ocasiones, de forma muy infrecuente, como por ejemplo una vez al mes. Lo hacen en la clínica para pacientes externos del paciente, como parte de una cita de revisión médica o como parte de un seguimiento rutinario. Pueden tener lugar antes o después de la reunión regular del paciente con su asistente social o psiquiatra; en ocasiones, sustituyen a las reuniones individuales. En ciertos casos, se crean grupos en torno a una cuestión específica (acontecimientos actuales, habilidades sociales) o en torno a una medicación específica (por ejemplo, un grupo de litio). La mayoría de los pacientes que acuden a los grupos de clínicas de medicación padecen una enfermedad psicótica crónica y se tratan con varias medicaciones antipsicóticas a largo plazo.

Tareas y técnicas

Aunque los principios fundamentales del trabajo de grupo realizado con esta población son similares a los que se emplean en los grupos para pacientes internos agudos de bajo rendimiento y para los pacientes internos crónicos, hay cuatro preocupaciones específicas propias de los grupos de las clínicas de medicación y de los grupos crónicos de asistencia durante la convalecencia.

La primera de ellas es ofrecer educación sobre la medicación psicotrópica y sobre los efectos de la medicación. Aunque parte de la enseñanza didáctica puede y debe provenir del líder de grupo, éste también debe animar a los miembros a que se aconsejen entre sí sobre cuestiones relativas a los síntomas objetivos y a los efectos secundarios. Con frecuencia, los pacientes consideran atractiva esta actividad y comparan apuntes ávidamente. De este modo se fomenta el intercambio interpersonal seguro y no provocativo.

En segundo lugar, la mayoría de los pacientes que padecen una enfermedad psicótica crónica han sufrido alucinaciones auditivas, han tenido síntomas paranoides o han sufrido períodos de pensamiento desorganizado y confuso. Estos síntomas proporcionan a los pacientes del grupo un tema común de discusión, y los miembros pueden confirmarse unos a otros que sus inusuales experiencias no se ajustan a la realidad. Por ejemplo, uno de los pacientes puede contar que lo preocupan las voces que le hablan directamente desde la televisión. Los miembros menos psicóticos le pueden asegurar que no oyen esas voces, y que, aunque la experiencia parezca real, las voces no lo son. Entonces el terapeuta puede animar a que se hable de forma general sobre estrategias útiles para afrontar las alucinaciones. Los pacientes pueden compartir con los demás las diversas técnicas que les han resultado útiles a la hora de hacer frente a síntomas inquietantes, como evitar las situaciones de estrés, tomar la dosis de medicación que necesiten, escuchar música, hablar con un amigo o dedicarse a un *hobby*. Del mismo modo, los pacientes que padecen ideación paranoide pueden obtener confirmación de la irrealidad de sus sospechas al preguntar a los miembros del grupo, de un modo no polémico, si sus miedos son reales.

Debido a su falta de confianza y a sus rudimentarias habilidades sociales, muchos pacientes psiquiátricos crónicos llevan vidas solitarias y aisladas. Por consiguiente, una tercera preocupación de un grupo de una clínica de medicación o de un grupo crónico de asistencia durante la convalecencia consiste en mejorar las habilidades sociales. El terapeuta debe indicar a los pacientes que prueben nuevas formas de comunicación: «Wendy, ¿podrías decirnos cómo te sentiste al ir a la fiesta de cumpleaños de tu hermana?». O: «Wendy, Terry está preocupado debido a la próxima reunión familiar a la que tiene que asistir, ¿cuáles son algunas de las maneras que tú has descubierto para hacer frente a tu familia?».

En cuarto lugar, permitir que los pacientes expresen los sentimientos que provocan en ellos el estigma que acarrea su enfermedad y las secuelas de ésta puede conducir asimismo a reuniones productivas. Los pacientes se benefician de las discusiones concernientes a su soledad, a su sensación de aislamiento y a la desesperanza de creer que no van a mejorar, discusiones que, en ocasiones, toman un giro existencial. El líder del grupo tendrá que ser enérgico, sin recurrir ni a una actitud de superioridad ni a un optimismo exagerado: «El mundo parece muy injusto cuando piensas que tienes que vivir con una enfermedad crónica». Aunque se puede tolerar hablar sobre la ira como tema general, como la que se siente hacia la vida o el destino, o la que se refiere a personas o acontecimientos externos al grupo, el terapeuta debe controlar con decisión la ira dirigida a otros miembros del grupo y debe cambiar diplomáticamente de tema.

El ánimo y el *feedback* que reciben los pacientes de sus compañeros de grupo incrementan la conformidad con la medicación y con la planificación del tratamiento, y reducen los casos de abandono de la clínica de una forma mucho más eficaz que el seguimiento en el que se emplea un esquema individual. La educación, el apoyo, la seguridad y la continuidad son los pilares que sustentan a los grupos de clínicas de medicación. Cuando se dirigen con éxito, hacen mucho por ayudar a los pacientes a permanecer bajo tratamiento y a reducir el riesgo de una nueva hospitalización.[10, 11]

REFERENCIAS

1. Inbody, D. R. y Ellis, J. J., «Group therapy with anorexic and bulimic patients: implications for therapeutic intervention», *Am J Psychother,* 1985, 39, págs. 411-420.
2. Mackenzie, K. R., Livesley, W. J., Coleman, M. *et al.,* «Short-term group psychotherapy for bulimia nervosa», *Psychiatric Annals,* 1986, 16, págs. 699-708.
3. Schneider, J. A. y Agras, W. S., «A cognitive-behavioral group treatment of bulimia», *Br J Psychiatry,* 1985, 146, págs. 66-69.
4. Brown, *Treating the Alcoholic: A Developmental Model of Recovery,* Nueva York, Wiley, 1985.
5. Weiner, M. F., «Homogeneous groups», en Frances, A. J. y Hales, R. E. (comps.), *Psychiatry Update: American Psychiatric Association Annual Review,* vol. 5, Washington, DC, American Psychiatric Press, 1986.
6. Lieberman, M. y Yalom, I. D., *Short-term bereavement groups: a controlled study.* Manuscrito en preparación.
7. Yalom, I. D. y Vinogradov, S., «Bereavement groups: techniques and themes», *Int J Group Psychother.*
8. Lazerson, J. S. «Integrated psychotherapy at the Day House», *Psychiatric Annals,* 1986, 16, págs. 709-714.
9. Payn, S. B., «Group methods in the pharmacotherapy of chronic psychotic patients», *Psychiatr Q,* 1965, 39, pág. 258.
10. Herz, M. I., Spitzer, R. L., Gibbon M. *et al.,* «Individual vs. group aftercare treatment», *Am J Psychiatry,* 1974, 131, pág. 808.
11. Masnik, R., Olarte, S. W. y Rosen, A., «Coffee groups: a nine-year follow-up study», *Am J Psychiatry,* 1980, 137, págs. 91-93.

CONCLUSIÓN

La psicoterapia de grupo se emplea en un gran número de escenarios clínicos con probado grado de eficacia. Utiliza diversos factores terapéuticos o mecanismos de cambio, muchos de ellos exclusivos. Algunos de estos factores terapéuticos –tales como la universalidad, el altruismo, la catarsis y la transmisión de información– se encuentran ampliamente en muchas clases distintas de grupos, mientras que el potente, aunque a menudo malinterpretado, factor del aprendizaje interpersonal exige un terapeuta hábil y experimentado que trabaje en un escenario interactivo especializado. Diversas constelaciones de estos factores terapéuticos operan en el seno de distintos tipos de grupos en momentos diferentes.

Todos los clínicos deberían estar familiarizados con las técnicas e intervenciones específicas utilizadas en la psicoterapia de grupo, que incluyen el trabajo con el «aquí y ahora», la transparencia del terapeuta y el empleo de diversas ayudas de procedimiento. Pueden modificarse las técnicas fundamentales para adaptarlas a cualquier escenario grupal especializado, desde el grupo de pacientes internos graves hasta el grupo de orientación sintomática de pacientes externos. De hecho, el poder de la terapia de grupo reside en su capacidad de adaptación: es un modo flexible y eficiente de psicoterapia que puede acomodarse a una amplia gama de escenarios, objetivos y pacientes.

ÍNDICE ANALÍTICO